O DEDO NA FERIDA

Alberto Carlos Almeida

O DEDO NA FERIDA

Com prefácios de
Luiz Felipe D'Ávila,
Mailson da Nóbrega e
Roberto DaMatta

EDITORA RECORD
RIO DE JANEIRO • SÃO PAULO
2010

CIP-Brasil. Catalogação-na-fonte
Sindicato Nacional dos Editores de Livros, RJ.

Almeida, Alberto Carlos
A444e   O dedo na ferida : menos imposto, mais consumo / Alberto Carlos Almeida. –
Rio de Janeiro : Record, 2010.

ISBN 978-85-01-09029-4

1. Impostos – Brasil. 2. Impostos – Arrecadação. 3. Despesa pública.
4. Opinião pública. 5. Brasil – Condições econômicas. 6. Brasil – Política
econômica. I. Título.

	CDD: 336.24
10-1476	CDU: 336.201

Copyright © Alberto Carlos Almeida, 2010

Diagramação de miolo: **editorîarte**

Todos os direitos reservados. Proibida a reprodução, armazenamento ou transmissão de partes deste livro, através de quaisquer meios, sem prévia autorização por escrito.

Este livro foi revisado segundo o novo Acordo Ortográfico da Língua Portuguesa.

Direitos exclusivos de publicação em língua portuguesa para o Brasil
adquiridos pela
EDITORA RECORD LTDA.
Rua Argentina 171 – Rio de Janeiro, RJ – 20921-380 – Tel.: 2585-2000

Impresso no Brasil

ISBN 978-85-01-09029-4

Seja um leitor preferencial Record.
Cadastre-se e receba informações sobre nossos lançamentos   EDITORA AFILIADA
e nossas promoções.

Atendimento e venda direta ao leitor:
mdireto@record.com.br ou (21) 2585-2002

sumário

prefácios
Luiz Felipe D'Ávila — 9
Mailson da Nóbrega — 15
Roberto DaMatta — 25

apresentação
Um script em busca de um ator — 31

capítulo 1
A população considera que paga impostos
elevados e não gosta disso — 39

capítulo 2
É melhor menos impostos do que mais bolsa-família — 65

capítulo 3
O óbvio ululante — 87

capítulo 4
Menos impostos e menos benefícios para os
funcionários públicos — 109

capítulo 5
A cabeça do brasileiro e a redução de impostos — 141

capítulo 6
A exploração dos pobres pelos impostos e pelo governo — 161

notas — 187

*Este livro é dedicado a você leitor,
que só não paga imposto quando
compra livros, e que para tudo o
livros, paga imposto, e muito!
(A propósito, o autor irá pagar
27,5% de impostos sobre o que
receber na venda do livro.)*

*Dedico também a Mírcio
Menezes, responsável pelo melhor
vídeo sobre impostos no Brasil, que
pode ser encontrado no Youtube.*

"O povo gosta de luxo, quem gosta de miséria é intelectual."
– JOÃOSINHO TRINTA

Este livro permite reescrever de maneira mais precisa a célebre frase: o povo gosta de luxo, desde que seja financiado pelo bolso dos outros. Quem gosta de miséria é intelectual esquerdista, ele depende dela para ser ouvido e sobreviver.

Prefácio de *Luiz Felipe D'Ávila**

O LIVRO DE ALBERTO CARLOS ALMEIDA TOCA O DEDO na ferida de um tema fundamental: a falta de líderes políticos dispostos a defender a redução de impostos no Brasil. A pergunta que se faz ao ler o livro é a seguinte: "como é que nenhum candidato à presidência da república, governador ou parlamentar que aspire a ter projeção nacional, ainda não se apoderou desta bandeira que conta com o apoio da grande maioria da população brasileira?" A resposta a esta indagação não está nos estudos técnicos sobre os tributos, nos programas partidários ou nas pesquisas de opinião pública. Ela se encontra nos valores, nas crenças e nos mitos que moldaram nossa ideia de Estado.

Aprendemos na sala de aula, nos livros didáticos, nos programas partidários e nos debates políticos que o Estado centralizador, cor-

---

*Presidente do Centro de Liderança Pública (CLP). Estudou Ciências Políticas na Universidade Americana em Paris e Administração Pública na Harvard Kennedy School. É autor de vários livros, entre eles *Dona Veridiana, Os Virtuosos* e *Cosimo de Medici*. Foi editor das revistas *República* e *Bravo!* e diretor da Editora Abril.

O dedo na ferida: menos imposto, mais consumo

porativista e patriarcal nos salva da desordem social, nos protege da ganância dos empresários e nos ampara, distribuindo favores, empregos e benesses – como o Bolsa-Família. Essas crenças foram propagadas ao longo de quase dois séculos, e seu resultado prático não poderia ter sido outro: criou-se um Estado perdulário, caro, ineficiente e intervencionista que existe primordialmente para servir seus próprios interesses. A maneira mais evidente pela qual a extorsão estatal se realiza é por meio da cobrança de impostos: hoje, quase 40% do PIB nacional são extraídos do cofre das empresas e do bolso das pessoas para sustentar o Estado.

No Brasil, a sociedade existe para sustentar o Estado. Os impostos sorvem recursos do setor produtivo que poderiam ser usados para gerar mais empregos, mais consumo e mais investimentos. Os tributos achacam o trabalhador, o empresário, o agricultor e o consumidor, drenando seu poder de compra, sua independência financeira e sua autonomia de cidadão. O nosso sistema tributário também acirra a desigualdade social. Os mais pobres pagam proporcionalmente mais impostos do que os ricos. Os trabalhadores que ganham até dois salários mínimos são taxados em quase 54% da sua renda e são obrigados a trabalhar quase 200 dias por ano para sustentar o Estado. Os brasileiros mais ricos – que ganham acima de trinta salários mínimos – pagam 30% da sua renda em tributos e trabalham em torno de 100 dias por ano para sustentar o Estado. Esta relação perversa de suserania e vassalagem entre o Estado e a sociedade costumava ser denunciada por uma minoria liberal que nunca tivera voz e poder político no Brasil. Mas três fatores importantes contribuíram para transformar o discurso de uma minoria na vontade da maioria dos brasileiros.

Primeiro, o advento da estabilidade econômica e o fim da inflação resgataram a noção do valor da moeda, dos bens e dos serviços. A

prefácio

população percebeu que os "preços de mercado" caíam. Nos últimos 15 anos, por exemplo, o custo dos alimentos e do telefone celular diminuíram de forma expressiva. A voracidade e a competência do governo na hora de arrecadar impostos contrastam com sua incompetência e ineficácia em gerir esses recursos e transformá-los em serviço público de qualidade; 65% dos brasileiros acreditam que os políticos e burocratas são os principais beneficiários dos impostos pagos.

O caso da CPMF – contribuição sobre movimentação financeira – é emblemático. Em 1997, o governo aprovou a CPMF e contou com o respaldo popular. A ideia de taxar o ganancioso sistema financeiro para financiar a melhoria da saúde pública parecia irresistível para uma sociedade que ainda acreditava no mito do Estado patriarcal e benevolente. Dez anos depois, o atendimento da saúde pública continuava péssimo, mesmo com o aumento significativo dos recursos para a saúde. Tornou-se evidente que o principal "problema" da saúde não era falta de recursos, mas de gestão. Pressionado pela população e pela opinião pública, o Congresso vetou a prorrogação da contribuição em 2007. A CPMF foi eliminada, e a saúde pública não entrou em colapso, como o governo havia previsto.

O segundo fator que ajudou a despertar a consciência popular sobre o peso dos impostos foi a crise econômica mundial de 2008. Ao reduzir o IPI – imposto sobre produtos industrializados – para frear a queda do consumo, o governo desencadeou o que Alberto Carlos Almeida denomina de "momento eureca": a queda do IPI provocou a redução imediata dos preços de carros, geladeiras e fogões. Este "desconto" concedido pelo governo transformou um produto que era proibitivo para o consumidor em algo acessível. Nada mais ilustrativo para mostrar o incremento do poder de consumo do brasileiro com a redução da carga tributária. Os exemplos do IPI e da CPMF sinalizaram que a tolerância das pessoas com o peso extorsivo da carga tributária atingiu o limite. O livro revela que 74% da população acreditam que os políticos são responsáveis pela asfixiante carga tributária. Recorrer ao aumento dos impostos tornou-se politicamente inviável. O próximo presidente da República terá de cortar gastos para poder equilibrar as contas públicas e reformar o Estado.

O terceiro fator relevante foi a mudança da percepção do brasileiro em relação ao papel do Estado. A simples constatação de que menos imposto significa mais consumo, mais investimentos e mais empregos tornou-se uma ameaça ao Estado centralizador e patriarcal. Ele está sendo paulatinamente dizimado pelos males da corrupção, da ineficiência administrativa e do seu custo exorbitante. Não é por outra razão que dois terços da população brasileira apoiam a redução de impostos. Como diz o autor, "a bola está quicando; a nossa estrutura tributária nos brindou com uma oportunidade de ouro: defender o povo pobre por meio da redução de impostos. Aumentar o consumo das classes C, D e E por meio da redução de impostos".

O diagnóstico de Alberto Carlos Almeida parece mais uma ameaça do que uma oportunidade para a maioria do *establishment* político. A bandeira do autor, "Menos imposto, mais consumo", representa uma ameaça ao poder de delegar verbas, distribuir favores, oferecer benesses e, em última instância, ganhar eleições. Para o horror das velhas raposas políticas, os brasileiros querem mais autonomia e independência e menos tutela do Estado; preferem ter mais dinheiro no bolso e maior poder de consumo do que serem amparados por programas assistenciais e benefícios sociais.

Felizmente, uma nova geração de políticos – a safra pós-Plano Real e implementação da Lei de Responsabilidade Fiscal – já compreendeu que o discurso político de "mais Estado" passa a ser percebido pelo eleitor como "mais imposto, mais gasto e mais desperdício". A solução

prefácio

foi se distanciar da visão arcaica do Estado getulista e do discurso ideológico para enfocar o tema da eficiência da gestão pública. O equilíbrio das contas públicas e a necessidade de encontrar mais recursos para investimentos por meio do corte de despesas do governo contribuíram para melhorar a qualidade e a eficácia da gestão pública em vários municípios e estados brasileiros. Os eleitores premiaram esses bons gestores reelegendo-os nas últimas eleições. Entretanto, mesmo esses governantes que se tornaram bons gestores ainda não tiveram coragem de romper definitivamente com o discurso do Estado paternalista. *O dedo na ferida* é um convite para se abandonar a velha retórica. Além de "choque de gestão", é preciso agora um "choque de liderança". Este é o convite que o livro faz às novas lideranças políticas.

O dedo na ferida sugere que a bandeira da redução dos impostos poderá alterar radicalmente a nossa noção de Estado, de sociedade e de cidadania. Ela poderá ser o estopim para moldar uma nova visão de Estado, de aspirações públicas e de ação política que já está se manifestando timidamente em ações isoladas. A mobilização da sociedade em torno deste tema poderá trazer não só uma benéfica redução dos impostos como também impulsionará uma série de reformas vitais, como a previdenciária, política, trabalhista e tributária. Essas mudanças ajudarão a fortalecer as instituições democráticas, resgatando a credibilidade e a confiança no Estado. Mas será preciso muita coragem, determinação e convicção política para transformar a "causa dos impostos" num poderoso instrumento de transformação política no Brasil.

Esta é uma luta para líderes que almejam deixar um legado para a nação e não apenas para candidatos sem propostas que estão em busca de um bordão eleitoral para o próximo pleito. Afinal, liderança é a capacidade de mobilizar as pessoas em torno de uma visão para se atingir um objetivo comum. Aqueles que se apresentarem para liderar esta causa terão a oportunidade de reescrever a história do Brasil.

Prefácio de *Mailson da Nóbrega**

ESTE NOVO LIVRO DE ALBERTO CARLOS ALMEIDA CONtém uma animadora descoberta: os brasileiros sabem que pagam impostos.[1] Mais do que isso, rejeitam aumentos da carga tributária para financiar novos gastos sociais se forem informados de que será preciso, para tanto, arrecadar mais. Até aqui, pensava-se que os brasileiros não associavam gastos públicos a impostos. A deficiência seria maior nos segmentos de menor renda.

Por essa visão, nós estaríamos longe do padrão mental dos americanos. Desde os tempos de colônia eles já tinham consciência do peso dos impostos. Cobrá-los exigia legalidade e legitimidade. Era a influência de outra cultura, a que explica a Carta Magna inglesa de

---

*Economista, foi ministro da Fazenda no período 1988-1990, depois de desempenhar longa carreira no Banco do Brasil e no setor público. Tem três livros publicados, sendo o mais recente deles *O futuro chegou – instituições e desenvolvimento no Brasil* (2005, Editora Globo). Publicou vários artigos, no Brasil e no exterior. É colunista da revista *Veja* e membro do conselho de administração de várias empresas brasileiras. É sócio da Tendências Consultoria Integrada, empresa de consultoria econômica e política sediada em São Paulo.

1215, em que os barões feudais impuseram ao rei João Sem Terra um conjunto de restrições ao poder de tributar, incluindo a prévia autorização do Parlamento. Vem daí um valioso princípio básico: "*no taxation without representation*".

Há muitos exemplos da percepção dos impostos na sociedade americana. A Guerra de Independência dos Estados Unidos começou a nascer em 1773 quando colonos de Boston jogaram ao mar carregamentos de chá, em protesto contra o imposto específico criado pela metrópole. Benjamim Franklin, um dos fundadores da nação americana, dizia que "nada neste mundo é certo, salvo a morte e os impostos".

O despertar dos brasileiros – nítido nas pesquisas de Alberto Carlos Almeida – é recente. No passado não era assim. Achava-se que o dinheiro do Tesouro não vinha da cobrança de impostos. É como se viesse dele mesmo. Quando era prefeito da cidade de São Paulo (1975-1979), o saudoso Olavo Setúbal recebeu uma comitiva de senhoras da sociedade, supostamente detentoras de alto nível de informação. Elas reivindicavam a realização de uma determinada obra e ao que o prefeito informou que a medida poderia implicar aumento de impostos, surpresas, as senhoras retrucaram: "Dr. Olavo, nós viemos aqui para que o senhor fizesse as obras com o dinheiro da prefeitura, e não com o nosso".

A ideia de que o Tesouro se sustenta por si próprio – e não a partir de tributos e dívidas – remonta aos tempos coloniais. Portugal, retardatário na evolução institucional europeia, ainda era absolutista no século XIX, com instituições orçamentárias muito atrasadas. As finanças do rei confundiam-se com as do Tesouro. Era o patrimonialismo.

De tempos em tempos, a coroa penalizava sua colônia. A derrama, uma arrecadação arbitrária nas Minas Gerais, tornou-se tão frequente que ali ocorreu, provavelmente pela primeira vez, a percepção de que a população pagava impostos. A revolta contra taxas abusivas da Metrópole desaguou na Inconfidência Mineira (1789), que continha as sementes da luta pela Independência.

O Império nascido em 1822 herdou e manteve fracas instituições orçamentárias. As fontes de receita tributária eram limitadas. A renda *per capita* era baixa, o que limitava o campo para um imposto cobrado dos consumidores. Na República, a principal fonte de receita federal era o Imposto de Importação. Os Estados dependiam do Imposto de Exportação. Ao longo da primeira metade do século XX, novas incidências deram forma a um sistema tributário economicamente irracional, fundado em aspectos formais: o Imposto do Selo; o Imposto de Indústrias e Profissões; o Imposto de Vendas e Consignações. Mais tarde, viria o Imposto de Consumo.

O sistema tributário evoluía ao sabor das necessidades do Tesouro, sem lógica econômica. No Orçamento, o atraso não era menor. Os parlamentares não levavam a sério a peça orçamentária. Aproveitavam sua tramitação para nomear funcionários, dar nomes a ruas e coisas que tais. Eram as "caudas orçamentárias". A Constituição de 1934 proibiu a prática, inscrevendo um dispositivo acaciano: o Orçamento cuida apenas da receita e da despesa. A ideia sobreviveu até a Constituição de 1988 (art. 165, § 8º).

Em 1965, o Brasil ganhou um sistema tributário moderno, racional e baseado na lógica econômica. Ainda que não fosse perfeito, era um dos melhores do mundo à época. Fomos pioneiros na América Latina na adoção do imposto sobre o consumo baseado no método do valor agregado. Nossos ICM e IPI tinham, todavia, um defeito congênito, por razões históricas. Em vez de um tributo nacional sobre o valor agregado (IVA), como nas demais federações que o adotaram, dividimos as competências entre os Estados (ICM,

O dedo na ferida: menos imposto, mais consumo

depois ICMS com a Constituição de 1988) e a União (IPI). Isso nos custaria caro (e o preço continua aumentando).

A modernidade tributária não significou conscientização, embora os governos militares tenham criado um programa educativo, adotado nas escolas e denominado Contribuinte do futuro. A ideia era criar a consciência do dever de pagar impostos, mas poderia ter tido papel educativo mais amplo. Foi abandonada.

O resultado das pesquisas de Alberto Carlos Almeida é um alento. Prova uma importante mudança cultural: a percepção dos brasileiros sobre os impostos. Melhor ainda, ela está também na população pobre e pouco escolarizada. A explicação do autor, com base em trabalhos anteriores, é a de que essa população "tem conhecimento de tudo aquilo que diz respeito diretamente à sua vida, em particular quando toca o bolso".

O acesso dos brasileiros à informação sobre impostos ocorre, segundo ele, de três formas: a) por meio da vida diária, da experiência prática; b) por meio da imprensa e da mídia; e c) pelas contas de luz e telefone, que passaram a discriminar os impostos pagos pelo consumidor. Eu acrescentaria a influência da estabilidade da moeda. Sem o véu espesso da inflação, tornou-se possível enxergar outros aspectos do cotidiano, entre os quais os impostos.

Com interessantes análises do resultado das pesquisas, Alberto Carlos Almeida chama atenção para essa bela transformação mental. Ouso afirmar que ela se assemelha à mudança que tornou a sociedade intolerante à inflação. As novas crenças favoráveis à estabilidade são parte relevante do conjunto de instituições – entre as quais o Banco Central e a Lei de Responsabilidade Fiscal – que criaram barreiras ao populismo econômico.

Ao valorizar a estabilidade dos preços, a sociedade condicionou o comportamento dos governantes. É isso que explica por que o presidente Lula abandonou o discurso da ruptura e manteve a política econômica herdada de Fernando Henrique. A volta da inflação corroeria gravemente sua popularidade. Tudo indica que essa realidade tende a ser permanente.

A nova e esplêndida realidade – a conscientização sobre o peso dos impostos – é impressionante. Alberto Carlos Almeida mostra que mais de 70% dos entrevistados afirmam que pagam impostos. Essa percepção é maior nos estratos de maior nível de educação. Dentre os que possuem curso superior, vai a 93%.

Impressiona igualmente a associação entre impostos e alimentação. Quando perguntados sobre o que comprariam adicionalmente caso os impostos fossem menores, 81% dizem que prefeririam alimentos. É verdade, diz ainda a pesquisa, que o brasileiro ainda não se deu conta do quanto paga de impostos (alguns chegam a mencionar cargas tributárias de 1% a 10%), mas o importante está dado: paga-se imposto.

Como dito no início, os brasileiros já sabem se opor a aumentos de gastos sociais quando são informados de que eles serão financiados com mais impostos. O mesmo ocorre com preferências eleitorais. O bem avaliado Bolsa-Família é menos valorizado em uma campanha eleitoral do que a redução dos impostos. De fato, 81% votariam em um candidato a presidente que prometesse reduzir impostos, mas apenas 18% apoiariam o que prometesse elevar os gastos com aquele programa.

Como assinala Alberto Carlos Almeida, "há o script, mas falta o ator". O script é dado pelo eleitorado brasileiro, que "sabe que paga impostos e gostaria que eles fossem reduzidos" para gerar mais consumo e emprego. "O ator não existe. Ele teoricamente pertence ao mundo político." Será aquele que defender medidas que permitam "a redução ou, mais realisticamente, o não aumento dos impostos. O script está à espera desse ator, o eleitorado está pronto para esse discurso."

As revelações do livro alegram quem se preocupa com o tamanho excessivo e a má qualidade do sistema tributário brasileiro, mas o desafio é maior do que se pensa. O gasto público – 90% dos quais permanentes – dobrou como proporção do PIB nos últimos vinte anos. É preciso financiá-lo. É a herança da Constituição de 1988 e dos aumentos sistemáticos do salário mínimo nos dois mandatos de Fernando Henrique e Lula. A Constituição transferiu montanhas de dinheiro para os Estados e municípios, aumentou a vinculação de impostos à educação, criou vantagens injustificáveis para funcionários públicos e ampliou benefícios previdenciários sem fonte de recursos.

Infelizmente, o aumento de gastos públicos não se explica inteiramente pela Lei de Wagner, proposta pelo economista alemão Adolph Wagner (1835-1917). Ele observou que o crescimento econômico era naturalmente acompanhado de uma elevação dos gastos públicos e, assim, da carga tributária. Segundo Wagner, o estado de bem-estar social, origem maior da elevação de gastos, evolui no sistema capitalista em virtude de demandas do eleitorado.

A tese foi refinada pelo economista americano Richard Musgrave (1910-2007), autor de um dos mais reputados livros-texto sobre finanças públicas. Segundo Musgrave, o aumento dos gastos públicos no processo de desenvolvimento decorre de três razões: 1) das atividades sociais do Estado, tais como o provimento de aposentadorias, de educação e de saúde; 2) de ações administrativas e de proteção, como segurança, políticas de meio ambiente e intervenção do Estado na economia; e 3) da ampliação do estado de bem-estar social.

Na verdade, o forte e rápido aumento de gastos no Brasil se explica essencialmente pela força de grupos de interesse, particularmente os

prefácio

servidores públicos, os Estados e municípios e os aposentados. A Constituição de 1988 foi o canal por onde essas pressões se exerceram.

Criou-se uma situação insustentável para as finanças da União, caracterizada por enormes perdas de receitas e ao mesmo tempo por uma brutal elevação de encargos incomprimíveis. O equilíbrio mínimo foi obtido graças a dois instrumentos socialmente perversos. No início, a inflação foi útil na medida em que corroía as despesas, enquanto as receitas continuavam indexadas. Após a estabilidade, a saída foi elevar tributos regressivos, isto é, aqueles que afetam proporcionalmente mais os pobres, como as contribuições e os impostos sobre o consumo. Não havia incentivos para a União recorrer ao Imposto de Renda, pois 47% do aumento de arrecadação tinham que ser mandatoriamente transferidos aos Estados, municípios e fundos regionais de desenvolvimento.

A carga tributária passou de 23% do PIB em 1988 para 35% do PIB em 2009. Mais de 40% desse aumento têm origem nos gastos previdenciários, que saltaram de 4% para 13% do PIB no mesmo período. Cerca de 70% da receita das três esferas de governo são gastos com aposentadorias e funcionários públicos. Apesar da elevação da carga tributária, os investimentos da União caíram como proporção do PIB, de 2% do PIB nos anos 1970 para apenas 0,6% atualmente.

Comparações internacionais mostram o exagero da carga tributária brasileira, que é superior à dos Estados Unidos (28,3% do PIB) e semelhante à da Alemanha (39% do PIB). Nos países emergentes com os quais podemos nos comparar, como Chile, Argentina e China, a carga tributária é de cerca de 20% do PIB. A do México é de 16% do PIB. Nenhum país de renda média semelhante à do Brasil tem carga tributária igual à nossa. E não há qualquer lógica para estarmos nessa posição.

O dedo na ferida: menos imposto, mais consumo

Países de carga tributária igual ou superior a 30% do PIB são os que ostentam riqueza e renda *per capita* elevadas. Nesses, o Imposto de Renda costuma ser uma parcela relevante da arrecadação. Nos Estados Unidos, por exemplo, o Imposto de Renda, arrecadado nas três esferas de governo, representa metade da carga tributária. No Brasil, esse imposto corresponde a apenas 18% da carga tributária. Explicação: a massa dos trabalhadores tem rendimento abaixo do limite de isenção.

Nos países ricos, o número de eleitores é semelhante ao de contribuintes do Imposto de Renda. No Brasil, mesmo com o aumento expressivo do número de contribuintes nos anos recentes, andam por volta de 15 milhões (os que declaram e pagam), enquanto os eleitores já passam de 132 milhões. Assim, para arrecadar tanto ou mais que países ricos, as três esferas de governo brasileiras tiveram que recorrer a impostos indiretos sobre o consumo, distribuídos em pelo menos seis incidências: IPI, ICMS, ISS, PIS, Cofins e Cide, os quais, como visto acima, penalizam mais os estratos de menor renda.

O forte aumento dos impostos indiretos cobrou um preço alto às camadas menos favorecidas da população. Em 2008, os que ganhavam até dois salários mínimos transferiam 53,9% de sua renda ao Estado. Essa proporção era de 29% para os que ganhavam acima de 30 salários mínimos.

Os Estados dispõem basicamente do ICMS para financiar os aumentos de gastos decorrentes da Constituição e de novas elevações da despesa. Por isso, recorreram a aumentos do imposto, concentrados em setores organizados, de baixa ou nenhuma sonegação, como os de telecomunicações, energia elétrica, indústria automobilística e petróleo, que respondem por mais de 70% da arrecadação do ICMS. Por isso, o Brasil ostenta o indesejável galardão de maior cobrador de impostos nesses setores.

prefácio

A qualidade do ICMS caiu dramaticamente e continua a piorar com a crescente utilização da cobrança do ICMS na origem (a chamada "substituição tributária"), que ajuda a combater a sonegação, mas escangalha cada vez mais o imposto, que é o mais importante do país, com arrecadação de 7,6% do PIB em 2008. O Imposto de Renda é o segundo, com 6,7% do PIB no mesmo exercício.

O ICMS se tornou, portanto, o pior imposto do país. São 27 legislações diferentes e confusas, incontáveis regimes de tributação e normas incoerentes. Um caos. As empresas não conseguem acompanhar o mafuá de regras, que mudam em grande velocidade, principalmente se operaram em mais de um Estado. Os exportadores não recebem os créditos, que acumulam contra os Estados, resultantes da imunidade tributária nas exportações, assegurada pela Constituição.

Como se vê, o sistema tributário brasileiro se tornou complexo, caótico, excessivo, regressivo e gerador de altos custos de transação. Sua reforma requer liderança política transformadora, capaz de mobilizar os Estados e municípios, a opinião pública e todas as forças do Congresso em torno de um projeto amplo de reforma. Mesmo que se consiga a proeza, a rigidez orçamentária, piorada nos últimos anos, é uma barreira à redução da carga tributária. Uma reforma tributária ampla, que melhore a qualidade do sistema e reduza a carga de impostos parece, pois, fora de cogitação.

Por isso, os esforços deveriam ser concentrados em uma reforma ousada dos impostos de consumo, abrangendo o IPI, o ICMS e o ISS, que seriam fundidos em um Imposto sobre o Valor Agregado nacional. Não será fácil, pois os Estados tendem a opor-se. Felizmente, hoje é menos difícil do que há poucos anos. O uso da tecnologia de informação na administração tributária viabilizou a Nota Fiscal Eletrônica, que pode ser o instrumento que faltava para convencer os Estados de que não há risco de atribuir ao governo federal

O dedo na ferida: menos imposto, mais consumo

a competência para arrecadar o IVA e distribuí-lo entre as três esferas de governo. A distribuição pode ser feita automaticamente no momento em que o contribuinte recolhe o imposto. Essa reforma não reduziria a carga tributária, mas contribuiria decisivamente para elevar o potencial de crescimento da economia, principalmente por reduzir incertezas e custos de transação.

Poder-se-ia, adicionalmente, buscar um acordo político para congelar a carga tributária em termos reais por um longo período. Os ganhos naturais de arrecadação do Imposto de Renda da Pessoa Física, resultantes da elevação da renda e da mudança de faixas de tributação, seriam utilizados para reduzir tributos indiretos da União. Ao longo do tempo, considerado o crescimento da economia, haveria uma queda natural da carga tributária.

Não é trivial, como se vê, mas o livro de Alberto Carlos Almeida mostra que a expressiva maioria da sociedade pode apoiar uma reforma com essas ou outras características, mas capaz de melhorar substancialmente o péssimo sistema tributário brasileiro. Esse dado não constava do tabuleiro de forças. É sem dúvida alvissareiro.

Prefácio de *Roberto DaMatta**

ALBERTO CARLOS ALMEIDA ME SOLICITA – E SOLICITA-ções dos amigos são ordens no Brasil – um "prefácio antropológico" para esse texto provocador intitulado *O dedo na ferida*, o qual, estou seguro, contribuirá para aprofundar o nosso entendimento da maneira pela qual o mercado, a moeda finalmente estável, os colossais impostos – tudo o que está contido no capitalismo moderno, com seus lucros e bancos, sua obsessão pelo progresso, e suas maravilhas e mazelas – faz entre nós.

O dedo é o indicador simbólico que alia a mesma sagacidade e capacidade de provocação de quem escreveu o apreciado e discutido *A cabeça do brasileiro*. O tema – como os impostos são vistos no Brasil – porém, é mais discreto e, no entanto, não menos importan-

---

*Professor de antropologia da Pontifícia Universidade Católica do Rio de Janeiro, colunista dos jornais *Estado de S. Paulo*, *O Globo* e *Diário de Fortaleza* e autor de *Carnavais, malandros e heróis*; *A casa & a rua*; *O que faz o brasil, Brasil?*; *A bola corre mais que os homens* e *Tocquevilleanas: notícias da América*, entre outros. Seu livro mais marcante é o *Crônicas da vida e da morte*.

te e certamente pioneiro. De fato, se no livro *A cabeça do brasileiro* Alberto lidava com os enlaces surpreendentes entre mais ou menos educação e mais (ou menos) autoritarismo, dirigismos salvacionistas, democracia e capacidade de viver num sistema competitivo e de mercado; ele agora estuda um conjunto de questões sobre um outro tema básico numa sociedade de iguais: os impostos e a forma como eles são percebidos no Brasil. A ferida é o resultado de um inquérito sobre como nós, brasileiros, entendemos a carga tributária que pesa sobre os nossos ombros. O sangue e a dor, implicados na ferida fustigada pelo estilo ágil e provocativo do Alberto, são os notórios desperdícios que resultam da equação entre tributos elevados e a sua péssima administração.

Pagamos muito imposto, os pobres pagam mais do que os ricos, reduzir impostos teria um enorme impacto no mercado e na sociedade e, eis a tese do livro: a população brasileira começa a ter consciência de que os impostos não só são um mal necessário, mas eles geram desigualdade e deveriam ser reduzidos porque o governo os gerencia muito mal. Se, argumenta o autor, surgisse um personagem capaz apresentar o imposto como uma questão, em vez de continuar falando da questão dos impostos, a grande maioria da população trabalhadora do Brasil seria capaz de ouvir sua mensagem, pois o enredo da peça está pronto. Para que a plateia – porém – seja mobilizada, falta apenas um ator capaz de personalizá-lo e dramatizá-lo. Numa palavra: politizá-lo!

Fiquei impressionado com a provocativa sugestão de fundir marxismo e liberalismo, revelando como essas perspectivas antes de serem incompatíveis – como querem os rinocerontes do nosso sistema ideológico – caminham juntas, sendo a cara e a coroa de uma mesma moeda. De um lado, os impostos devem ser pagos de acordo com a capacidade de cada produtor ou cidadão (Marx); do outro, quanto

prefácio

menos impostos forem pagos e quanto mais eficientemente eles forem gerenciados pela máquina arrecadadora do estado, mais riqueza é criada, como diriam os republicanos e o velho Adam Smith. Menos tributo significa mais circulação e dinamismo na troca de bens e serviços, esses traços que fazem a riqueza das nações modernas. A maior qualidade de um governo consciente do bom-senso que as democracias requerem, conforme perceberam Montesquieu e Tocqueville, está no equilíbrio entre as dimensões individualista e coletivista implicadas e sempre em conflito no sistema. Por isso, a liberdade (bem como o gerenciamento honrado dos bens produzidos pela sociedade) são críticos para o seu funcionamento. Se o vilão não são as empresas (suspendam-se os impostos e elas vendem mais e mais barato), mas o governo; se no Brasil os impostos geram desigualdade e injustiça, Marx ficaria – como lembra ironicamente o autor – do lado de Adam Smith.

Ao antropólogo que escreve um prefácio antropológico para um livro que trata de um assunto econômico, restaria acrescentar que poderíamos lucrar com a visão de Marcel Mauss que, no seu clássico *Ensaio sobre a dádiva*, investigou as implicações morais das trocas que são parte do mercado e que são anteriores à sua formação e, sobretudo, à sua monetarização.

Mauss demonstrou como a vida social é feita de trocas: de relações nas quais dádivas promovem dívidas a ser compensadas pelos ciclos de reciprocidade estabelecidos entre os atores envolvidos nas transações. Damos para receber, e mesmo quando o presente é espontaneamente ofertado, há uma expectativa de retorno, uma demanda moral não explícita para que o ciclo possa se fechar como requer a vida numa coletividade. Não existe almoço gratuito, conforme diz o realismo nu e cru dos americanos. Mas, para além dos interesses, há uma noção generalizada de equivalência moral entre

O dedo na ferida: menos imposto, mais consumo

o que damos e o que recebemos, mesmo quando isso se faz do modo impessoal, como no caso das trocas comerciais e dos impostos. É essa obrigação que está na raiz dos direitos dos consumidores e no centro da noção de cidadania.

Ora, é justamente essa ausência de reciprocidade entre o cidadão pagador de impostos e o que o governo deveria retribuir que a pesquisa apresentada neste livro revela. No âmago das percepções discutidas há a frustração dos contribuintes que pagam muito e recebem pouco de uma máquina dominada pelo desperdício e pela corrupção. Sabe-se que os impostos oprimem, mas ninguém se rebela contra eles; sabe-se que a corrupção sistêmica de um sistema desenhado para enriquecer e, no limite, aristocratizar seus gerentes (chamados de "altos funcionários" que operam antiweberianamente, com favores e preconceitos) é um dos pontos capitais do fracasso do sistema; sabe-se também que a corrupção e a malandragem persistem por falta de mecanismos modernos capazes de transformar a cena eleitoral (recall de políticos canalhas, por exemplo, bem como de uma legislação que protege de modo vil os ocupantes de cargos públicos), mas o modo pelo qual o governo é concebido e imaginado pelo povo, a sua reificação nas metáforas paternas e de parentesco; tudo isso faz com que o racional seja englobado pelo tradicional. E o tradicional aqui é tudo o que sustenta a ferida que este livro aponta. Não se muda quando se sabe e se quer, mas quando se pode. A percepção racional precisa de outros elementos para poder formar o entrecho que levará a mudança.

Entre eles, o fato de que todos os brasileiros se dizem pobres porque a sociedade se ordena hierarquicamente. Ela tem centros de poder e prestígio e tudo nela se faz em função de sua aprovação. Um outro fator para a ausência do ator, reclamada pelo autor, é o velho populismo que usa argumentos morais, deixando de lado os

prefácio

fatores responsáveis pelas misérias do nosso cotidiano. Deste modo, fala-se muito mais contra os burgueses exploradores do povo e dos salvadores da pátria do que dos percentuais de impostos embutidos nos produtos que consumimos. O discurso ideológico mistifica a raiz da questão.

Num sentido profundo, como mostra esse trabalho, pagamos os impostos e disso temos plena consciência, mas não vivenciamos esse pagamento. Sabemos que os impostos, como o nome indica, são impositivos, mas não os vemos como um agente de exploração porque o discurso tradicional do velho e batido populismo brasileiro sempre repetiu que os tributos têm um feitio de Robin Hood, ajudando a tirar dos ricos para dar aos pobres, quando a pesquisa revela o justo oposto.

Por tudo isso, estou convencido que Alberto Carlos Almeida, botando o dedo na ferida dos impostos devidos pelo Estado à sociedade à qual ele deve servir, mas não serve, logra despertar nossa consciência para essa dimensão fundamental da modernidade. Uma dimensão, aliás, irreversível. Esse *Dedo na ferida* é mesmo um dedo na ferida. Trata-se de uma contribuição importante para o aperfeiçoamento do capitalismo à brasileira.

apresentação

Um script em busca de um ator

HÁ O SCRIPT, MAS FALTA O ATOR. O SCRIPT É DADO pelo eleitorado brasileiro: ele – como será visto neste livro – sabe que paga impostos e gostaria que eles fossem reduzidos para que se tornasse possível comprar mais produtos e serviços e gerar mais empregos. O ator não existe. Ele teoricamente pertence ao mundo político, deve acreditar – minimamente – que os indivíduos não podem ser tutelados pelo Estado, defender a eficiência administrativa, a redução de gastos, a diminuição da corrupção e do desperdício dos recursos públicos e conectar tudo isso com a redução ou, mais realisticamente, o não aumento dos impostos O script está à espera desse ator, o eleitorado está pronto para esse discurso.

Cedo ou tarde esse ator surgirá no palco. A lógica indica isto: há um tema fortemente presente no eleitorado, capaz de resultar em apoio político e votos, e não apareceu ainda quem se apoose dele e o faça o detonador de uma grande mobilização social. Alguém perceberá isso e aproveitará esta grande oportunidade. Pode-se afirmar, como mostram os dados deste livro, que o desejo por redução de impostos é pratica-

O dedo na ferida: menos imposto, mais consumo

mente um consenso social. Não faz o menor sentido que esse possível ator não surja. É como se, no mundo empresarial, existisse uma grande oportunidade de negócios, talvez o Brasil de hoje, e não aparecessem investidores interessados em tal oportunidade.

A ideia deste livro se deve a um exercício antropológico. Somente um americano poderia desembarcar no Brasil e estranhar o fato de os impostos elevados não serem um tema de nossa agenda eleitoral e popular. Foi isso que aconteceu em 2000 quando um americano casado com uma brasileira decidiu trabalhar no Brasil com opinião pública. Clifford Young me disse, nessa época, que os brasileiros se importavam com os impostos e gostariam que eles fossem diminuídos. A minha reação foi de total incredulidade. Lembro-me de que repliquei dizendo que os brasileiros não faziam a menor ideia de que pagavam impostos, muito menos de que eles eram elevados e deveriam ser diminuídos. A sua tréplica foi por meio de alguns dados de pesquisa de opinião que mostravam o contrário disso. Ele disse ter estranhado muito, como faz um antropólogo, o fato de ninguém falar de impostos em um país no qual pasta de dentes, alimentos e roupas são mais caros do que nos Estados Unidos justamente por conta dos impostos. A nossa conversa parou por aí, mas a ideia de pesquisar exaustivamente o tema dos impostos não saiu de minha mente. O desejo de saber o que a nossa população, dos mais pobres aos mais ricos, pensa sobre os impostos não morreu.

Essa ideia foi viabilizada por uma feliz coincidência. No início de 2009, ao apresentar alguns dados de pesquisa de opinião pública sobre impostos a Luiz Stuhlberger, do Credit Suisse Hedging-Griffo, ele se interessou e decidiu financiar um programa de pesquisa sobre o assunto. De março de 2009 até o início de 2010 ocupamos um espaço em nossa pesquisa mensal do Instituto Análise, o Diagnóstico Brasil, para saber o que os brasileiros pensam

apresentação

sobre os impostos. Foram feitas dezenas de perguntas no decorrer de dez meses de pesquisas que são a matéria-prima deste livro. Todas as pesquisas mensais são nacionais, abrangem, portanto, capitais, regiões metropolitanas e interior, e têm amostra de mil entrevistas. Lançar mão da pesquisa mensal só foi possível graças ao patrocínio e ao apoio de Luiz Stuhlberger e do Credit Suisse Hedging-Griffo, que gentilmente também cederam os dados econômicos sistematizados por sua equipe e usados no capítulo 6. Fica aqui o primeiro grande reconhecimento e agradecimento. Desnecessário dizer que o livro tem um autor que o assina. Assim, todas as ideias aqui contidas são de inteira responsabilidade dele.

Atenção leitor para o fato de todos os dados de opinião pública deste livro terem apenas uma fonte: a pesquisa mensal contínua desenvolvida pelo Instituto Análise. Essa pesquisa ouve 1.000 brasileiros adultos em todas as grandes regiões, de todas as regiões metropolitanas e em aproximadamente 70 municípios brasileiros. É uma pesquisa domiciliar e sua amostra representa fielmente a população adulta brasileira. Detalhes da metodologia do Diagnóstico Brasil podem ser encontrados em www.institutoanalise.com ou também em www.creunobolso.com.br. Os dados econômicos do capítulo 6 têm sua fonte devidamente referenciada nas notas relativas a cada gráfico ou tabela daquele capítulo.

Este livro une Karl Marx e Adam Smith, é esquerdista e liberal ao mesmo tempo. Por meio de uma análise objetiva da opinião pública brasileira, de acordo com a neutralidade axiológica de Max Weber, chegamos à conclusão de que o nosso eleitorado gostaria muito que os impostos fossem reduzidos. Se isso for feito, a consequência é esquerdista. Como nosso sistema tributário é fortemente regressivo, os pobres pagam proporcionalmente mais impostos do que os não pobres, a redução dos impostos indiretos, medida dese-

O dedo na ferida: menos imposto, mais consumo

jada por nossa população, teria um impacto positivo e formidável na redução da pobreza e da desigualdade. Reduzam-se nossos impostos e os pobres serão os principais beneficiários. Daí o caráter marxista e esquerdista das conclusões deste livro.

Adam Smith também ficaria feliz com elas. Motivo: redução de impostos é uma medida tipicamente liberal. O que temos aqui é algo aparentemente paradoxal: uma medida liberal, a redução de impostos, terá no Brasil consequências esquerdistas, reduzirá a pobreza e diminuirá as desigualdades de renda. Trata-se de nossa jabuticaba – fruta que só existe no país – fiscal. O Brasil é tão injusto que os impostos, usados em todos os lugares do mundo como elemento de redistribuição de riqueza, retirando recursos dos mais ricos e levando-os para os mais pobres, aqui são fatores geradores de desigualdade. É vergonhoso! Marx ficaria estarrecido e defenderia medidas inspiradas em Adam Smith.

Milhões de brasileiros pobres não têm carro por causa dos impostos. Não são as empresas as grandes vilãs que, com seus lucros supostamente extorsivos, impedem os mais pobres de comprarem seu carrinho. É o governo, com sua volúpia fiscal, que faz do carro brasileiro um dos mais caros do mundo, se não o mais caro. A grande maioria dos brasileiros nunca entrou em um avião por causa do governo, não por causa das empresas. A grande maioria dos brasileiros faz uma compra de supermercado muito básica (arroz, feijão, farinha, fubá e batata) não por causa das empresas, mas sim por conta do governo. A lista de bens e serviços pode ser ampliada a perder de vista. Os pobres brasileiros não são, como diria Marx, explorados pelas empresas e pela mais-valia extraída pelos capitalistas, mas sim pelo setor público e seus impostos.

No limite é possível relacionar os impostos à violência e à criminalidade. Tomemos o mercado de autopeças roubadas, as *roubautos*

apresentação

da vida. O criminoso que tira a vida de um motorista para roubar o carro e desmontar revende as peças do automóvel por um preço que certamente subtrai os impostos cobrados pelo governo. Muitas vidas foram ceifadas porque uma minoria de brasileiros tem carros, computadores, iPods, celulares de última geração, tênis importados e outros bens. Dito de outra forma: se todos os brasileiros, ou quase a totalidade deles, ou a grande maioria, tivessem acesso a todos os bens, a criminalidade seria muito menor. Esse acesso não é possível por conta da elevada carga tributária que incide sobre o consumo tanto de forma direta quanto indiretamente.[1] Os ganhos de eficiência, o aumento da produtividade, a evolução tecnológica, as empresas e a competição entre elas já fazem o seu papel na redução dos preços dos serviços e produtos. Falta o governo fazer sua parte.

Tudo isso serve para mostrar àqueles que querem menos impostos que a defesa dessa agenda pode ser feita de maneira popular. Não se devem fazer discursos de viés tecnocrático, que invocam o aumento da competitividade internacional do Brasil, a sua real inserção na globalização e todo o rosário de termos empolados que já conhecemos, para defender a redução dos impostos. Esse tipo de discurso não tem utilidade na mobilização dos reais beneficiários dessa medida: os eleitores. Os liberais, ou melhor, os pragmáticos de plantão, devem defender a redução de impostos sublinhando-se as consequências esquerdistas de tal medida. Fazendo dessa maneira, terão forte apoio eleitoral, é isso que o leitor encontrará neste livro.

Por que não há no Brasil liberais de verdade que defendam a redução de impostos? A mesma pergunta pode ser feita para os esquerdistas: por que não há no Brasil esquerdistas de verdade que defendam a redução de impostos como meio hipereficiente de combate à pobreza e à desigualdade? Uma resposta possível é curta e direta: liberais e esquerdistas se encontram na fila do caixa do Tesouro. Todos querem

O dedo na ferida: menos imposto, mais consumo

controlar mais recursos públicos. Todos mandam a conta final para a sociedade. Não precisam ser de fato eficientes, não precisam de fato reduzir os gastos do governo. Para cada gasto adicional, aumente-se uma tarifa ali ou uma alíquota acolá e está tudo resolvido. Este livro demonstrará que a sociedade está pronta para apoiar o ator que decidir quebrar esse ciclo perverso.

A novidade deste livro é uma só: perguntar aos brasileiros o que eles pensam sobre os impostos. Perguntar nacionalmente e de forma exaustiva. O livro apenas apresenta os resultados das pesquisas. Não há aqui a opinião do autor ou de quem quer que seja, a não ser da população adulta brasileira. Isso significa que o livro revela o que o brasileiro pensa sobre os impostos e, assim, indica um caminho de comunicação entre a elite e a sociedade no que tange a esse tema. Ele será útil para aqueles que, doutrinariamente ou não, gostariam de ver os impostos reduzidos ou controlados. Ele será útil também para aqueles que desejam genuinamente melhorar a vida da população pobre de nosso país.

Haverá no livro várias menções a reduzir impostos ou pelo menos a não aumentá-los. Considerando-se os dados reais e oficiais de qualquer economia capitalista moderna, sabemos que o setor público só fez crescer, e com ele a carga tributária. Não há um único caso relevante de redução histórica e contínua de impostos. Muitos acham que tanto Ronald Reagan quanto Margaret Thatcher reduziram a carga tributária de seus respectivos países. Isso não aconteceu. Porém, eles têm a imagem de líderes que reduziram os impostos. É isso que conta quando se trata de opinião pública e de política. É preciso ter essa imagem para ao menos conter a escalada de aumento de impostos. Assim, apesar de mencionar várias vezes a efetiva redução de impostos, isso se aplica mais à imagem do que a dados fiscais reais. Não cairia na ingenuidade de afirmar que seja realmente possível

apresentação

diminuir a carga tributária, mas posso afirmar que é possível ter a imagem de alguém comprometido com sua redução. É essa imagem que caracteriza os principais partidos não esquerdistas do mundo.

A voz rouca das ruas quer menos impostos. Para os interesses organizados, muitos deles por meio do confortável sindicalismo do setor público, para o qual a greve jamais poderá ser punida com demissões e raramente o é com o ponto cortado, nada melhor do que aumentar os gastos, mesmo que toda a sociedade tenha que pagar por isso. A inflação permanentemente elevada beneficiava poucos, a sua redução veio para o benefício da maioria e, no médio prazo, de todos. Os juros elevados beneficiam poucos. A sua redução tende também a beneficiar a grande maioria. O que vale para os juros e para a inflação serve para os impostos. Grande parte de nossa carga tributária existe para financiar salários e aposentadorias do setor público. São esses os principais beneficiários, em prejuízo de uma grande maioria de brasileiros pobres que deseja menos impostos.

Haverá quem argumente, de forma aparentemente correta, que para combater a criminalidade, melhorar a saúde e a educação pública são necessários muito mais recursos do que há hoje empenhado nesses setores. Mas como obter tais recursos senão por meio de mais tributação? É provável que o Brasil não consiga manter no longo prazo a combinação explosiva de serviços públicos de péssima qualidade, necessidade de mais recursos públicos para melhorá-los, ineficiência administrativa, desperdício de recursos, tributação elevada e uma população francamente favorável à redução de impostos. A equação não fecha. Eis aqui os outros elementos do script para o ator que ainda não existe.

Antes de ser enviado à editora, este texto contou com a leitura atenta de Andreia Schroeder, Luciana Pitelli, Ricardo Contrera, Fer-

O dedo na ferida: menos imposto, mais consumo

nanda Batolla e sua equipe de economistas, que ajudaram a evitar erros e imprecisões e contribuíram com sugestões que certamente enriqueceram o conteúdo do livro. André Carvalho e Guilherme da Nóbrega leram cuidadosamente o capítulo 6 e contribuíram com valiosas sugestões. Agradeço a todos.

Registro aqui também um agradecimento especial aos três prefaciadores do livro, que gentilmente aceitaram o convite sabendo que o livro teria três prefácios. Tive essa ideia com a finalidade de obter três perspectivas diferentes – política, econômica e cultural – daquele que considero ser um dos temas mais relevantes do Brasil hoje e no futuro.

Ah, apenas para atiçar a curiosidade de quem pretende ler os próximos capítulos: não devemos perder de vista que para 74% da população os políticos e governantes são os responsáveis pela carga tributária que pagamos. Além disso, 65% acham que esses mesmos políticos e governantes são os principais beneficiários dos impostos elevados e 67% consideram que eles são os atores que poderiam reduzir os impostos. Espero, portanto, que este livro sirva para o leitor ajudar na mobilização de nossa sociedade para pressionar os políticos e governantes a olhar com mais carinho para os gastos públicos e os impostos, preferencialmente pensando nos interesses da sociedade, isto é, daqueles que os elegem para representá-los.

capítulo 1

A população considera que paga impostos elevados e não gosta disso

capítulo 1

A POPULAÇÃO BRASILEIRA DE TODAS AS CLASSES SO-
ciais (e isso inclui os mais pobres e os menos escolarizados) e regiões
do Brasil sabe que paga impostos, acha que são elevados, gostaria
que fossem mais baixos e quer que diminuam para que seja possível
ter mais dinheiro no bolso – leia-se, comprar mais – e gerar mais
empregos pelo aumento do dinamismo da economia.[1] A primeira
sensação do leitor pode ser de incredulidade, dúvida e repúdio à
afirmação acima: "O quê? A população brasileira sabe que paga impostos? Como assim? Ela realmente é capaz de ver os impostos? Nada
disso, isso é coisa de formador de opinião, de gente mais escolarizada, de empresários. O cidadão comum não tem opinião sobre os
impostos, a maioria sequer sabe que paga impostos."

Essa visão corrente está errada. Não resiste às evidências empíricas, aos fatos, a qualquer pesquisa quantitativa ou qualitativa
que pergunte às pessoas se pagam impostos, em que situações o
fazem, se são elevados e se deveriam baixar. O que temos aqui é
uma conclusão nova e de grande importância: o brasileiro comum
é muito semelhante – no que se refere aos impostos – ao eleitor
republicano americano.

O dedo na ferida: menos imposto, mais consumo

Ora, notícias surpreendentes desfrutam, em um primeiro momento, de questionamentos ferozes. Grande parte deles baseada em colocar em xeque a metodologia da pesquisa que chegou a tal conclusão. Esse tipo de questionamento tem a seguinte formulação: "A pesquisa que mostra que o cidadão de classe baixa reconhece e rejeita os impostos está errada, o provável é que haja falha na metodologia." O renomado sociólogo Howard S. Becker mostra, em seu livro *Métodos de pesquisa em ciências sociais,* que toda vez que uma pesquisa apresenta resultados que vão contra as crenças predominantes – que é o que faremos em todos os capítulos que lidam com a opinião pública brasileira e os impostos – ela é questionada e acusada de enviesada.[2] Isso não ocorre somente nas ciências sociais ou na economia. Richard Dawkins, em seu excelente livro *A grande história da evolução*, nas páginas 384 a 386 mostra como foi em 1938 o achado de um peixe que se considerava extinto, o celacanto, nos mares próximos à África do Sul e a Madagascar. Essa importante descoberta é até hoje questionada. Nas palavras do próprio Dawkins: "Hoje, o gênero (do celacanto) está minuciosamente estudado, embora não sem a acrimônia e as acusações de fraude que – coisa lamentável, mas compreensível – parecem andar juntas com descobertas raras e muito importantes." Daqui por diante, batizaremos esse raciocínio de o "argumento do celacanto".

A nossa descoberta, em que pese ser bem menos ambiciosa do que as daqueles que mostram a veracidade da teoria da evolução de Darwin, é certamente rara e muito importante. Rara porque é a primeira vez que isso é feito no Brasil e registrado publicamente. Importante porque tem um enorme impacto sobre a vida de praticamente todos os brasileiros. Vamos a essas descobertas.

capítulo 1 A população considera que paga impostos elevados e não gosta disso

Quando você compra algum produto, você paga imposto?

Em março de 2009 fizemos em uma pesquisa nacional a seguinte pergunta: "Você paga algum tipo de imposto?" Exatamente 71% da população adulta afirmaram que sim. Dos restantes, 27% afirmaram que não pagam impostos e 2% não souberam ou não quiseram responder. Como era de se esperar, a proporção dos que afirmam que pagam impostos cresce na medida em que aumenta a escolaridade. Dentre os que já concluíram a universidade, 93% dizem que pagam impostos. Essa proporção cai para 78% entre os que fizeram o colegial e 65% no restante da população. Temos aqui uma conclusão relevante: quase 70% dos brasileiros da base da pirâmide social reconhecem que pagam impostos.[3] Trata-se da primeira contrariedade empírica àqueles que acham que os brasileiros mais simples e mais pobres não são conscientes de sua situação de contribuintes. A primeira, mas não a mais relevante.

O dedo na ferida: menos imposto, mais consumo

Gráfico 1

Você paga algum tipo de imposto?
(março e agosto de 2009)

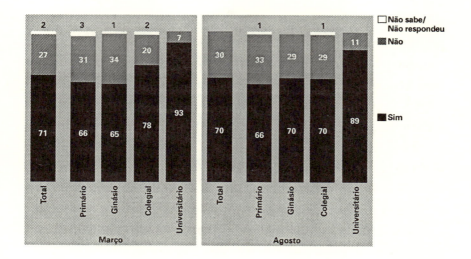

Depois dessa pergunta geral fizemos uma mais específica: "Você acha que paga algum tipo de imposto quando compra produtos de ____." Foi feita uma pergunta para cada item: vestuário, higiene, combustível, produtos de saúde, alimentos, habitação, serviços bancários, serviços pessoais, telefonia e energia. Os resultados são muito eloquentes. Em março, 85% de todos os brasileiros adultos disseram que pagam impostos quando compram alimentos.

capítulo 1 A população considera que paga impostos elevados e não gosta disso

Tabela 1

"Você acha que paga algum tipo de imposto quando compra produtos de ____?" (proporção de respostas "sim") (março de 2009)

(%)	SIM	NÃO	NS/NR
Energia	89	9	2
Serviços Bancários	87	10	4
Produtos de Saúde	87	11	3
Vestuário	86	11	3
Alimentos	85	12	3
Telefonia	85	12	3
Habitação	85	12	4
Higiene	84	13	3
Combustível	81	16	4
Serviços Pessoais	79	17	5

Em agosto essa proporção subiu para 95%. Isso aconteceu para todos os dez itens perguntados. A média geral, obviamente, também subiu. Em março a média para os dez produtos e serviços foi de 84% dos brasileiros que disseram que pagavam impostos quando compravam os tipos mais comuns de produtos e serviços. Essa média subiu para 91% em agosto do mesmo ano. Por que isso ocorreu?

Antes de responder a essa pergunta, cabe uma observação relevante. Quando não se menciona qualquer produto, quando se pergunta somente "você paga algum tipo de imposto?", a proporção de respostas "sim" é de aproximadamente 70%. Pois bem, essa proporção sobe dramaticamente quando são mencionados produtos e serviços. Em março foi 14 pontos percentuais mais elevada e em agosto 21 pontos percentuais! Por que isso acontece? Certamente porque todos aqueles que acham que não pagam impostos quando se pergunta sobre eles de maneira geral sabem que pagam quando se pergunta concretamente, mencionando-se algum produto ou serviço.[4] Eis aí uma grande descoberta: o brasileiro que menos acha que paga imposto tem certeza de que paga quando se trata de comprar alguma coisa ou pagar por algum serviço. A compra e o consumo fazem a ficha cair: quem compra paga imposto, quem consome paga imposto.

Tabela 2

"Você acha que paga algum tipo de imposto quando compra produtos de ____?" (proporção de respostas "sim") (resultados por escolaridade – março de 2009)

(% - SIM)	Primário	Ginásio	Colegial	Universitário
Energia	87	89	90	100
Serviços Bancários	81	88	94	97
Produtos de Saúde	81	92	91	97
Vestuário	80	88	93	99
Alimentos	78	90	91	99
Telefonia	81	88	87	100
Habitação	79	83	93	100
Higiene	78	86	89	99
Combustível	72	84	90	95
Serviços Pessoais	71	82	87	100

As pessoas menos informadas sobre qualquer assunto são as que têm a escolaridade mais baixa: apenas completaram o primário. Mesmo dentro desse grupo – surpreendentemente, para a maior

capítulo 1 A população considera que paga impostos elevados e não gosta disso

parte dos leitores – a grande maioria sabe que paga impostos quando paga a conta de energia elétrica: 87%. Essa proporção é muito elevada também para serviços bancários, produtos de saúde, vestuário e telefonia, todas iguais a ou maiores do que 80%. Voltamos a enfatizar este ponto que consideramos de suma importância: no mínimo 80% dos brasileiros menos informados sabem que pagam impostos quando têm que pagar por algum produto ou serviço de seu consumo diário.

Voltemos agora à pergunta feita acima: por que a proporção dos que consideram que pagam impostos quando compram produtos e serviços específicos aumentou entre março e agosto? A resposta está no que ocorreu nesse período de cinco meses. Foi o governo federal que contribuiu de forma inadvertida e contra seu interesse, mais uma vez, para educar a população quanto aos impostos indiretos. Em dezembro de 2008 foi anunciada uma importante medida de combate à crise econômica e financeira que eclodira em setembro: o governo federal tinha decidido reduzir o Imposto sobre Produtos Industrializados (IPI) de vários bens de consumo, dentre eles automóveis e itens da linha branca (geladeiras, máquinas de lavar etc.). Anunciada em dezembro, a medida iria vigorar até 15 de julho de 2009. Isso significa que no período que separa as duas pesquisas foi grande o noticiário acerca da desoneração do IPI que antecedeu o dia do clímax: em 29 de junho, uma segunda-feira, o governo anunciou oficialmente que a desoneração continuaria até 30 de setembro. Não custa repetir: tão importante quanto o caráter educativo da ação do governo é perceber que a consciência dos impostos está presente em todas as classes sociais e regiões do Brasil.

Os dados numéricos frios encontram respaldo nas pesquisas qualitativas, estudos que são feitos por meio de grupos focais (pesquisa

O dedo na ferida: menos imposto, mais consumo

qualitativa). As pessoas pobres, das classes C e D, quando indagadas se pagam impostos falam com muita ênfase: "Sim, pagamos impostos." O mais interessante é o que vem depois: "Nós pagamos impostos toda vez que compramos comida" (mulher, 33 anos, classe C, Fortaleza). A população pobre sabe, em sua grande maioria, que paga impostos toda vez que vai ao supermercado. Mais do que isso, acredita que, se os impostos fossem menores, poderia comprar coisas melhores para a cesta de alimentos: "Meu filho pediu para eu comprar Danone. Não consigo. Eu compro sempre arroz, feijão, macarrão, fubá, farinha e batata. Se tivesse menos impostos, a comida seria mais barata e eu poderia comprar outras coisas" (homem, 37 anos, classe C, João Pessoa).

O achado da pesquisa qualitativa encontra amplo respaldo nos números, nesse caso nem sempre frios, da pesquisa quantitativa. Quando perguntamos se a pessoa compraria mais algum tipo de produto caso os impostos fossem menores, os números são muito claros: o vencedor é o item "alimentos", com 81%. É a proporção mais elevada dos dez itens. Aliás, a média desse resultado é somente de 57%. Trata-se de um resultado muito relevante: 84% da população adulta têm conhecimento – na média – de que pagam imposto quando compram dez itens de consumo muito difundidos, ao passo que, também na média, 57% comprariam mais esses itens caso os impostos fossem mais baixos. Os 81% da população que comprariam mais alimentos caso os impostos baixassem estão muito acima da média de 57%. Isso é o outro lado da moeda da pesquisa qualitativa.

A ênfase que as pessoas conferem aos impostos sobre os alimentos na pesquisa qualitativa tem sua tradução na pesquisa quantitativa pela proporção muito elevada de intenção de aumento de compra dos alimentos em relação aos demais nove itens de consumo. Os produtos de saúde em segundo lugar, com 70% afirmando que comprariam mais se os impostos fossem mais baixos, são um reflexo, dentre outras coisas, da avaliação muito ruim que parte da população faz do sistema de saúde público. Por outro lado, deve-se notar que o combustível é o item com o menor percentual dos que mencionam que aumentariam o consumo no caso de redução de impostos. O motivo disso é simples: só 35% da população adulta têm carro. É um resultado que está de acordo com os 40% que aumentariam o consumo de combustível.

Tabela 3

"Se não tivesse que pagar impostos ou se os impostos fossem mais baixos, você aumentaria o consumo de ____?" (março de 2009)

(%)	SIM	NÃO	NS/NR
Alimentos	81	17	2
Produtos de Saúde	70	27	2
Higiene	68	29	3
Vestuário	68	29	3
Habitação	59	38	3
Serviços Pessoais	53	45	3
Telefonia	50	48	3
Energia	44	53	3
Combustível	40	56	4
Serviços Bancários	37	60	3

O dedo na ferida: menos imposto, mais consumo

Eis uma conclusão óbvia, trata-se de algo que está tão presente mas não notamos.

— Praticamente todos os brasileiros têm total consciência de que pagam impostos (a média para os dez itens de consumo está acima de 90%);

— A renda média familiar da população é baixa, algo em torno de R$ 1.200 por mês;

— Consequentemente, parte significativa do orçamento familiar é gasto com alimentação.[5]

Assim, no Brasil, falar em impostos é praticamente sinônimo de falar de impostos indiretos que incidem sobre o preço dos alimentos. A grande maioria da população considera que paga muito imposto, em particular sobre a compra de alimentos.

O "argumento do celacanto" afirmaria que todas essas conclusões estão erradas e que na realidade a grande maioria dos brasileiros não tem os instrumentos cognitivos necessários para saber que paga impostos. Para sustentar a afirmação, o "argumento do celacanto" diria que ambas as pesquisas, tanto a quantitativa quanto a qualitativa, chegaram a conclusões erradas porque a metodologia foi equivocada: as perguntas da pesquisa quantitativa foram formuladas de tal sorte a induzir uma determinada resposta e que a moderação da pesquisa qualitativa, dos grupos focais, também teria levado à mesma indução. O mais interessante é o pressuposto do "argumento do celacanto": quem tem escolaridade baixa não sabe que existe imposto, mas quem tem escolaridade alta sabe. Trata-se de um pressuposto que precisa ser empiricamente provado.

O nosso ponto de vista, sustentado por inúmeros dados empíricos, é que a população pobre e pouco escolarizada tem conhecimento de tudo aquilo que diz respeito diretamente a sua vida, em particular quando toca no bolso. É justamente o que ocorre com os

capítulo 1 A população considera que paga impostos elevados e não gosta disso

impostos. A informação sobre os impostos chega a toda a população de duas formas: a) por meio da vida diária, da experiência prática; e b) por meio da imprensa e da mídia.

No que se refere ao dia a dia da população, há várias maneiras práticas de se obter a informação acerca da incidência de impostos. Aqueles que trabalham com carteira assinada, que são formalmente contratados, sabem por meio dos chefes ou dos patrões que os impostos são elevados. É também comum que a pessoa tenha dois salários, o de direito, registrado na carteira, e o de fato, que o empregador paga por fora. Aquele que está nessa situação sabe muito bem por que o salário de fato é maior do que o de direito. O patrão sempre menciona os encargos e os impostos. Em uma pesquisa qualitativa feita em 2009, um funcionário formal de uma firma que vende fechaduras, no Nordeste, disse que para cada fechadura vendida o patrão pagava 17% de imposto. Segundo esse funcionário, o imposto era repassado ao preço. Essa é uma maneira de circulação da informação.

Uma outra, igualmente importante, é por meio das demissões. Em maio de 2009 perguntamos na pesquisa quantitativa se as pessoas conheciam alguém que já tinha sido demitido; 78% disseram que sim. Em seguida fizemos a seguinte pergunta: "Quando isso ocorreu, o patrão/chefe da pessoa que você conhece disse que ela estava perdendo o emprego porque os impostos cobrados pelo governo são altos ou deu outro motivo?" Exatamente 10% da população afirmaram que o argumento do patrão foi que os impostos eram elevados. Fizemos também uma formulação de pergunta diferente: "Quando isso ocorreu, o que o patrão/chefe disse para a pessoa que você conhece: que os impostos cobrados pelo governo eram altos, que ela não teve bom desempenho no trabalho ou que havia uma situação de crise e a empresa tinha que demitir?" Nesse

51

O dedo na ferida: menos imposto, mais consumo

caso a proporção caiu de 10% para 6%. Pode ser que os dois percentuais sejam baixos quando consideramos o grau de aceitação direta desse argumento pela população. Porém, quando consideramos a disseminação da informação, isso significa que no mínimo 6% da população adulta brasileira, ao conversar com vizinhos e parentes acerca de perda do emprego, estão propensos a afirmar que isso se deveu aos impostos.

Uma terceira maneira de disseminar a noção de que os impostos existem e são elevados, no dia a dia da população, ocorre graças à informação da conta de energia e, em proporção bem menor, da conta de telefone. É comum que nas pesquisas qualitativas surjam afirmações do tipo: "está lá escrito na conta de luz", "é um absurdo o que pagamos de imposto na energia elétrica, por isso que a conta é alta", "eu vi o quanto de imposto tem na conta do telefone, é muita coisa".

A segunda modalidade de disseminação da informação de que há impostos e eles são elevados é por meio da imprensa e da mídia. Semanalmente os jornais estampam notícias sobre a carga tributária, "uma das mais elevadas do mundo", e os empresários criticam os governos pelo apetite fiscal. Mais importante do que isso, a voracidade governamental por impostos permite, de tempos em tempos, que a sociedade faça campanhas de grande repercussão. Duas merecem destaque: a contra a Medida Provisória 232, editada pelo governo federal em dezembro de 2004 – que elevava tributos para as empresas prestadoras de serviços, agricultores e transportadores – e a para acabar com a CPMF, em abril de 2007. Nos dois episódios o governo desejava aumentar ou manter impostos que atingiam uma parcela significativa da população e nos dois casos a mídia foi muito atuante na hora de ouvir aqueles que eram contrários às iniciativas do governo.

capítulo 1 A população considera que paga impostos elevados e não gosta disso

O que merece registro aqui é que, tanto no que se refere à MP 232 quanto à CPMF, por um período razoável predominou no noticiário nacional e regional o argumento contrário aos impostos. É impossível reproduzir aqui o clima da época mas não seria exagero afirmar que a preponderância do noticiário anti-imposto foi semelhante ao que ocorre na mídia no caso de um acidente aéreo. Suas principais energias, seus recursos, repórteres, artigos, editoriais são direcionados para o tema da moda. Nos dois casos foi o confronto da sociedade contra o governo no que tange aos impostos, o governo que quer mais (sempre quer mais) e a sociedade que quer menos. Essas campanhas educam, ao menos temporariamente, a população. No caso da CPMF, é comum que ela apareça nas pesquisas qualitativas. A população, de um modo geral, recorda-se que esse imposto existia e foi extinto: a campanha contra a CPMF foi além de um processo educativo temporário.

Recentemente, o que mais educou a população acerca dos tributos que incidem sobre o consumo foi a redução do IPI promovida pelo governo para incrementar o consumo de bens duráveis, em meio à crise financeira e econômica de 2008-2009. A grande maioria tomou conhecimento da medida e reconheceu que ela teve impacto na redução dos preços. De fato, nada menos do que 80% da população souberam da redução do IPI sobre alguns eletrodomésticos da linha branca e automóveis.[6] As classes C e D, que não têm automóveis, tomaram mais conhecimento da redução do IPI para os eletrodomésticos do que para os carros. Os eletrodomésticos estão mais próximos de tais classes, dizem mais respeito a sua vida diária e àquilo que podem alcançar mais imediatamente. Na mesma pesquisa foi perguntado se a redução do IPI sobre esses produtos resultou na diminuição dos preços. A maioria, 60%, afirmou que sim.

O dedo na ferida: menos imposto, mais consumo

Esse resultado contraria um pensamento razoavelmente comum, o de que quando há redução de impostos, os empresários e as empresas não diminuem os preços e aproveitam para aumentar os lucros. No caso específico do IPI, para a população a redução dos impostos resultou na redução dos preços.

Quanto de imposto você paga?

Os partidários do "argumento do celacanto" imputam ignorância às pessoas mais pobres e de escolaridade mais baixa. São uma grande verdade o baixo nível educacional médio da população e os terríveis impactos que isso tem sobre a produtividade do trabalho, a renda, a mentalidade, dentre outros elementos importantes da vida social. Não há a menor dúvida de que as pessoas de escolaridade mais baixa têm menos informação – qualquer informação – sobre o mundo. Trata-se de pessoas que dispõem de menos renda para pagar por informação e também de menos tempo, energia e concentração para lidar com coisas muito distantes da sobrevivência diária. A população pobre tem que ser econômica no que tange a que informação obter e reter.

O que o "argumento do celacanto" perde de vista é que a população de escolaridade baixa tem informação, de forma grosseira mas tem, sobre tudo aquilo que diz respeito mais diretamente ao seu dia a dia. É por isso que tem total conhecimento sobre os impostos que incidem sobre o consumo. Ela sabe disso e acredita que tal fato a impede de comprar mais. Adicionalmente, a população de um modo geral, e especificamente a de baixa renda, acredita que os impostos são elevados. Em alguma medida trata-se de um clichê, uma verdade e um clichê. A grande questão é o que a população considera ser um "imposto elevado". Aplica-se o caráter econômico da informação. Sabe-se o que importa – que o imposto é elevado e que isso prejudica o seu consumo – mas não se sabe o detalhe: o quanto de im-

capítulo 1 A população considera que paga impostos elevados e não gosta disso

posto incide sobre cada produto ou serviço e sobre os salários de quem é contratado com carteira assinada.

Praticamente um quarto de toda a população adulta simplesmente afirma que não sabe quanto paga de impostos sobre alimentos, roupas, energia elétrica, remédios, água e esgoto e gás. Essa proporção é um pouco maior quando se trata de telefone celular e carro. No caso dos automóveis, a variação pode ser explicada pelo menor acesso da população a esse bem.

A população não tem conhecimento do enorme peso dos tributos em cima daquilo que consome. Muitos que acham que sabem quanto pagam de imposto não fazem a menor ideia de que os impostos são bem mais elevados: 31% dizem que pagam de 1% a 10% de impostos quando compram alimentos; essa proporção para energia elétrica é de 25%, para roupas, de 27% e para carro, de 13%. A faixa de tributação seguinte é de 11% a 20%. Mais uma vez, essa tributação tende a ser menor do que a que realmente onera o preço desses produtos e serviços. Mais uma vez também uma grande proporção considera que é essa a faixa correta de tributos. Para os alimentos, 20% dos adultos afirmam que o nível de tributação varia entre 11% e 20%; esse mesmo nível é assinalado por 19% da população quando se referem a produtos de vestuário, 11% quando se fala da compra de automóveis e 17% quando se trata de energia elétrica.

Tabela 4

"Aproximadamente quanto você paga de imposto quando compra ___?" (agosto de 2009)

(%)	Alimentos	Roupas	Carro	Energia elétrica/conta de luz	Telefonia Celular	Remédios	Água e Esgoto	Gás
1 a 10%	31	27	13	25	26	26	27	31
11 a 20%	20	19	11	17	18	17	20	16
21 a 30%	11	11	13	13	12	11	11	11
31 a 40%	4	8	11	8	6	8	7	6
41 a 50%	3	5	7	6	6	6	4	6
51 a 60%	2	2	3	2	1	3	2	2
61 a 70%	1	1	3	1	1	1	1	1
71 a 80%	1	1	3	2	1	2	1	1
81 a 90%	0	1	2	1	2	1	1	1
91 a 100%	1	1	1	1	0	1	1	1
Mais de 100%	1	0	1	0	0	0	0	0
Não sabe/Não respondeu	24	25	32	24	28	24	25	25

Merece destaque o fato de que a grande maioria da população realmente não sabe o quanto de imposto paga quando compra algum produto ou serviço (é o resultado da soma das respostas "não sabe" com as respostas que mencionam cargas tributárias muito baixas, como de 1% a 10% por exemplo). Aqueles que se arriscam a opinar acerca de uma faixa de tributação têm a tendência de ser generosos com o governo: acham que a tributação é bem menor do que realmente é. Trata-se de mais um sinal da folclórica docilidade do povo brasileiro. Somos um país dócil não apenas porque nunca tivemos uma revolução, conflitos étnicos ou de classe, mas porque julgamos que os impostos cobrados pelo governo que encarecem o preço dos produtos são, na média, bem mais baixos do que os realmente cobrados. É inevitável perguntar: por que a população não é informada acerca da proporção real de impostos que incide sobre o consumo? Por quê?

capítulo 1 A população considera que paga impostos elevados e não gosta disso

Uma leitura cuidadosa da tabela 4 mostra que no diz respeito aos impostos sobre os carros, comparando-os com os demais produtos e serviços, há uma proporção um pouco maior da população que considera os impostos mais elevados: 11% dizem que a carga tributária fica entre 31% e 40% e 7% afirmam que a faixa está entre 41% e 50%. É possível considerar que esses resultados são influenciados pelo preço do bem. Quanto mais caro um produto, mais a população acha que os impostos sobre ele são proporcionalmente mais elevados. É mais um sinal claro de que os impostos estão associados aos preços dos produtos e serviços.

Outro tema recorrente do debate público sobre os impostos diz respeito à incidência sobre os salários. Um dos argumentos correntes no Brasil afirma que se a carga tributária sobre a folha salarial fosse menor, haveria uma oferta muito maior de empregos formais. Pensando nisso foi elaborada a seguinte pergunta para a população adulta: "Se uma empresa contratar uma pessoa por R$ 100, com carteira assinada, a empresa pagará de impostos...." Mais uma vez o principal resultado é uma enorme ignorância da população quanto ao nível de tributação sobre os salários.

O dedo na ferida: menos imposto, mais consumo

Tabela 5

"Se uma empresa contratar uma pessoa por R$ 100, com carteira assinada, a empresa pagará de impostos..."
(agosto de 2009)

(%)	Total	Primário	Ginásio	Colegial	Universitário	NE	N/ CO	SE	S
1 a 10 reais	25	23	32	24	26	30	35	19	26
11 a 20 reais	14	14	12	14	16	15	26	13	3
21 a 30 reais	8	8	9	8	11	11	3	10	3
31 a 40 reais	7	4	8	10	12	7	4	8	5
41 a 50 reais	2	2	3	2	4	2	1	3	1
51 a 60 reais	2	2	1	2	5	-	3	2	4
61 a 70 reais	1	1	-	1	-	-	2	-	2
71 a 80 reais	1	-	2	1	1	-	-	1	1
81 a 90 reais	1	1	1	2	3	-	-	2	4
91 a 100 reais	4	3	5	3	9	1	-	6	8
Mais de 100 reais	3	2	2	4	3	2	4	3	1
NS/NR	33	41	28	30	11	32	24	34	42

Exatamente um terço de todos os brasileiros adultos afirma que não sabe o quanto de imposto incide sobre R$ 100 de salário com carteira assinada. A proporção dos que declaram não saber é muito grande entre os que completaram somente o primário: 41%; e é menor entre os que têm o grau universitário completo: 11%. Igualmente interessante é o fato, ocorrido também quanto aos impostos sobre produtos e serviços, de que a grande maioria que arrisca afirmar que sabe a faixa de impostos tende a ser indulgente em relação ao governo: um quarto considera que os impostos sobre os salários são bastante baixos, no máximo 10%; e 14% dizem que se paga de R$ 11 a R$ 20 de impostos para um salário de R$ 100. Aqueles que têm ou o colegial ou o universitário completo são um pouco mais duros com o governo: em torno de 11% dizem que a faixa de tributação varia de R$ 31 a R$ 40.

Qualquer que seja o ponto de vista da análise de tais resultados, é claro o fato de que a população adulta é bastante ignorante em relação ao peso de nossa carga tributária. Isso sugere que existe um enorme espaço para campanhas de esclarecimento, que liguem o imposto ao consumo, que aproveitem o atual estado da opinião pública que já sabe da existência de impostos sobre o consumo e que isso prejudica seu consumo presente. É razoável imaginar que, se a população soubesse o quanto realmente paga de impostos, haveria uma chance maior de pressionar o sistema político, por meio de mobilizações efetivas, para ao menos conter o aumento da carga tributária. O tema dos impostos junto ao eleitorado é latente. Para que tenha impacto sobre as instituições é preciso deixar de ser somente latente e tornar-se manifesto. Esse salto poderá ser dado por meio do esclarecimento público acerca do nível real da carga tributária que incide sobre o consumo.

Os brasileiros gostariam que os impostos fossem mais baixos

A tabela 2 seria suficiente para sustentar o título desta seção: a maioria dos brasileiros declara que compraria mais alimentos, produtos de saúde, carros, itens de vestuário etc. se os impostos fossem mais baixos. Como todo mundo gosta de comprar mais, de consumir mais, então todos gostariam que impostos mais baixos facilitassem esse desejo quase universal.

Adicionalmente, em maio de 2009 incluímos na pesquisa mensal uma pergunta específica acerca da redução do IPI. Depois de per-

O dedo na ferida: menos imposto, mais consumo

guntarmos ao entrevistado se tinha tomado conhecimento da redução do IPI para geladeira, fogão, máquina de lavar, tanquinho e automóveis (80% tinham conhecimento dessa medida), perguntamos o que o governo deveria fazer nos três meses que faltavam para o vencimento do prazo da medida de desoneração tributária. Havia três opções de resposta que eram apresentadas aos entrevistados.

Tabela 6

O que o governo deveria fazer daqui a três meses? (maio de 2009)

Revisão da medida de redução do IPI (%)	
Manter a redução de impostos que já foi feita para esses produtos	32
Reduzir mais os impostos destes produtos	63
Voltar ao que era antes, **aumentando os impostos para o governo ter mais recursos para os programas sociais**	2
Não sabe/ Não respondeu	3

Os resultados são deveras eloquentes: 63% disseram que prefeririam que o governo reduzisse mais os impostos desses produtos; 32% defenderam a manutenção da redução e somente 2% afirmaram que os impostos deveriam voltar ao valor antigo. Note-se que nessa terceira opção de resposta, na qual os impostos teriam que ser aumentados para retornar ao valor antigo, foi dada ao entrevistado uma compensação: o retorno ao valor antigo do IPI ajudaria o governo a ter mais recursos para os programas sociais. Ainda assim, mesmo apresentando essa excelente compensação,

capítulo 1 A população considera que paga impostos elevados e não gosta disso

sabendo-se da grande popularidade de que goza o bolsa-família, o programa social por excelência, mesmo em tais condições a população adulta prefere a redução de impostos.

Os resultados são ainda mais surpreendentes quando analisados por escolaridade. Salta aos olhos a diferença entre quem tem escolaridade mais baixa e aqueles que completaram o nível universitário.

Tabela 7

**O que o governo deveria fazer daqui a três meses?
(por escolaridade e regiões) (maio de 2009)**

	Escolaridade				Regiões do Brasil			
	Primário	Ginásio	Colegial	Universitário	NE	N/ CO	SE	S
que já foi feita para esses produtos	32	27	32	44	42	38	28	19
Reduzir mais os impostos destes produtos	61	73	64	52	55	55	65	79
Voltar ao que era antes, aumentando os impostos para o governo ter mais recursos para os programas sociais	2	-	3	4	2	6	1	-
Não sabe/ Não respondeu	5	1	2	1	1	-	5	2

Reduzir mais os impostos desses produtos foi a escolha de 52% dos que completaram a universidade. A proporção dessa resposta salta para 73% (!) quando se trata de quem completou o ginásio. Também aqueles que completaram tanto o primário quanto o colegial querem mais a redução de impostos do que as pessoas que fizeram faculdade. O que isso quer dizer?

Óbvio?! Acreditamos que não tão óbvio assim, em particular para aqueles que duvidaram da existência do celacanto, da conclu-

são aparentemente surpreendente de que a classe baixa sabe que paga os impostos sobre o consumo. O que esse resultado mostra é que quanto mais baixa a renda, mais as pessoas querem que os preços dos produtos diminuam. Ora, se a redução de impostos reduz o preço dos produtos, então quanto mais baixa a minha renda for, mais vou querer menos impostos. Cabe aqui responder a uma possível ressalva. Sendo assim, por que as pessoas com apenas o primário completo não defenderam em maior proporção a redução de impostos? Note-se que a proporção dos que querem mais redução de impostos aumenta quando se passa do grau universitário para o colegial e aumenta novamente quando se passa do colegial para o ginásio. O esperado seria que a proporção dessa resposta aumentasse também quando se passasse para a escolaridade mais baixa. Ainda assim, elas querem mais redução de impostos do que as pessoas de renda mais elevada, que são justamente os que completaram a universidade.

A principal razão para que isso não tenha ocorrido é a própria escolaridade baixa. Note-se que está justamente nessa faixa a maior proporção dos que não souberam responder à pergunta: 5%. Essas pessoas não têm carro e esse é um bem muito distante delas (pouco mais de 1% das classes D e E possui automóvel). Elas têm geladeira, mas se trata de um bem caro, que só é trocado depois de pelo menos uma década ou mais de uso. A máquina de lavar também é menos disseminada nesse grupo social do que o tanquinho ou simplesmente o velho e cansativo tanque. Isso sugere que a redução do IPI para esses itens veio menos ao encontro dos interesses mais imediatos da base da pirâmide social do que daqueles que estavam imediatamente acima.

A título de exemplo, não custa mencionar que também em 2009, no fim do ano, o governo decidiu reduzir o IPI dos móveis. Nesse caso é muito mais provável que uma pergunta semelhante a essa encontrasse na classe mais baixa respostas mais favoráveis a mais redução de impostos. Isso porque os móveis são mais desejados pelas classes D e E do que pelas classes A, B e C.

capítulo 2

É melhor menos impostos do que mais bolsa-família

capítulo 2

O LEITOR PODERÁ SE PERGUNTAR POR QUE UM TÍTU-lo de capítulo tão provocativo. O motivo é simples. No biênio 2008-2009, um dos fenômenos mais comentados de toda a imprensa foi a altíssima popularidade do governo federal. Caso você esteja lendo este parágrafo em 2010, é possível que tal fenômeno ainda esteja ocorrendo. Pois bem, você sabe qual o principal fator – declarado pela população – de sustentação da popularidade do governo federal? O programa bolsa-família.

Portanto, o título do capítulo quer dizer o seguinte: a demanda por redução de impostos é tão forte e enraizada na população que mesmo quando confrontada com a opção de trocar menos impostos por mais bolsa-família, que é a política pública mais efetiva do ponto de vista da aprovação do governo, mesmo em tais circunstâncias a população prefere a redução de impostos.

As etapas da demonstração desse raciocínio são as seguintes:

1) Governo com popularidade elevada;
2) Motivo principal da popularidade elevada: o bolsa-família;

3) Preferência por menos impostos face ao confronto com a opção de mais bolsa-família.

Quanto à elevada popularidade do governo, não é necessário apresentar dados. Qualquer sistema de busca da internet levará o leitor a encontrar dados públicos de pesquisa que a demonstrarão. A pesquisa mensal do Instituto Análise (www.institutoanalise.com) apresentou de janeiro a dezembro de 2009, na soma de ótimo e bom do governo, a proporção de 67%. Isto é, praticamente 70% da população adulta avaliaram, durante todo o ano de 2009, o governo federal como sendo ótimo e bom.

Também em todos os meses da pesquisa perguntamos, para cada avaliação do governo, por que o entrevistado avaliava o governo com aquele conceito. Isso foi feito para todas as avaliações. Ou seja, para quem disse que o governo estava com o desempenho ótimo perguntamos: por que você considera o governo ótimo? O mesmo foi feito para bom, regular, ruim e péssimo. Essa pergunta permitia que o entrevistado respondesse qualquer coisa, não havia respostas predeterminadas. Tecnicamente se diz que é uma pergunta aberta, ou seja, não há opções fechadas de respostas.

Durante todo o ano de 2009 aqueles que diziam que o governo era bom ou ótimo deram como principal motivo para emitir essa avaliação o bolsa-família. O gráfico 1 mostra o resultado dessa pergunta em outubro. Nada menos do que 42% das respostas mencionam exclusivamente o bolsa-família. Cada entrevistado pode responder o que quiser, pode dar mais de um motivo para avaliar o governo ótimo ou bom. Mesmo assim, o segundo item mais mencionado diz respeito a elementos da política econômica que têm impacto sobre o consumo: redução de impostos, congelamento de preços, política fiscal e tributária e política econômica. O terceiro item mais mencionado é o apoio aos mais carentes e mais pobres, que pode, em alguma medida, ser associado ao bolsa-família. O quarto item mais mencionado é o programa de moradias populares.

O grande destaque do bolsa-família, mencionado exclusivamente, sem a companhia de outro item e com uma vantagem de 25 pontos percentuais para o segundo colocado, mostra a grande importância do programa para a grande maioria do eleitorado.

Gráfico 1

Por que você considera o governo federal ótimo? Por que você considera o governo Lula bom? (outubro de 2009)

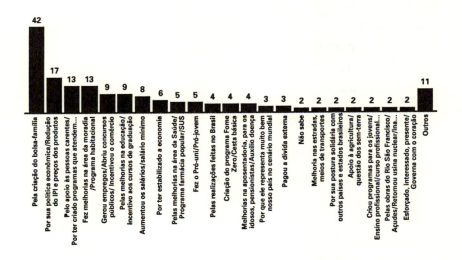

Uma informação adicional, também de outubro de 2009 (gráfico 2), revela a elevada aprovação do bolsa-família. Nada menos do que 83% de população são totalmente a favor do programa social.[1] Somente 16% se dizem contra e, mesmo assim, dentro desse grupo apenas 5% são totalmente contra. Merece registro o fato de as pessoas mais contrárias ao bolsa-família serem aquelas que têm o grau superior completo (26%) e os residentes na Região Sul (31%).

Gráfico 2

Aprovação do bolsa-família (outubro de 2009)

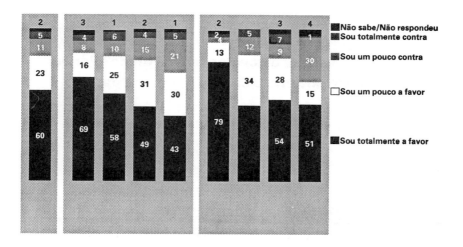

Estima-se que, em 2009, 30% das famílias recebiam o benefício. Sendo isso verdade, o apoio de 83% está muito acima de uma simples aprovação por aqueles que recebem a transferência de renda. Isso ocorre, tal como revelado por pesquisas qualitativas, porque há uma espécie de solidariedade social: há sempre alguém mais pobre e essa pessoa sempre precisa de alguma ajuda do governo, caso contrário há o risco de ela descambar para a marginalidade como estratégia de sobrevivência.

A pergunta que confronta a redução de impostos com o aumento do bolsa-família teve a seguinte formulação: "Você votaria

capítulo 2 É melhor menos impostos do que mais bolsa-família

em um presidente que reduzisse os impostos dos alimentos para que fosse possível comprar alimentos mais baratos ou aumentar o bolsa-família?"

Gráfico 3

Você votaria em um presidente que: .... (agosto de 2009)

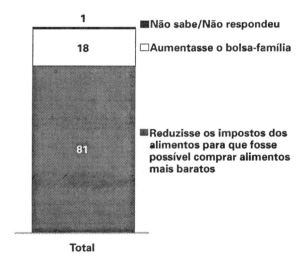

O resultado é bastante claro: 81% preferem a redução dos impostos dos alimentos, ao passo que somente 18% ficam com o aumento do bolsa-família, repetimos, o mais exitoso programa do governo federal. A principal razão para esse resultado encontra-se na história recente. Alguém votaria, em 2006 ou 2010, em um candidato que prometesse reduzir a inflação? Provavelmente não. A inflação não é mais um tema. Ela foi em 1994 e 1998 e teve papel crucial nessas duas eleições, ora chamada propriamente de inflação, ora denominada custo de vida ou ainda estabilidade da moeda. Em 2002

O dedo na ferida: menos imposto, mais consumo

a inflação deixou de ser um tema relevante, a queda tinha sido incorporada pela população, era um ganho para o qual não mais haveria retrocesso. Os eleitores sabiam que qualquer que fosse o presidente ele não deixaria retornar ao período de descontrole inflacionário, muito menos de hiperinflação, pois isso levaria à derrocada desse mesmo presidente. Então o principal tema da campanha de 2002 foi, naquele cenário, o desemprego.

Em 2006 nem a inflação nem o desemprego foram os grandes temas, mas sim o bolsa-família. Assim como a redução da inflação, o bolsa-família já existe há mais de um mandato presidencial. O programa cresceu e abarcou uma fatia maior das famílias pobres. Ele hoje é considerado tão incorporado ao dia a dia das pessoas como a inflação baixa. Da mesma forma que para a manutenção da estabilidade da moeda, o raciocínio de que o presidente que mexer no bolsa-família, reduzindo o benefício, prejudica não somente ao povo, mas a si próprio, já está na cabeça do eleitor. O eleitorado não concebe que a inflação voltará a subir nem que o bolsa-família será reduzido ou retirado. Ambos são conquistas protegidas do retrocesso, são ganhos irreversíveis. Assim, é preciso pensar para a frente.

Pensar para a frente significa pensar o que mais poderia melhorar a situação individual de cada um. O consumo pessoal e familiar aumentou por conta da redução e do controle da inflação; uma vez mais o consumo pessoal e familiar, ao menos de quem recebe o benefício, aumentou por causa do bolsa-família. Portanto, o que mais poderia ajudar a melhorar o consumo? Sem dúvida que a redução de impostos é um caminho. Esse é o caminho preferido pelo eleitorado no confronto com o aumento do bolsa-família.

Mesmo entre os mais pobres, cuja renda familiar vai até R$ 465,00 a preferência também é por redução de impostos que diminua o preço dos alimentos (67%) contra somente 32% que preferem o aumento do bolsa-família. A preferência pelo bolsa-família vai caindo sucessivamente na medida em que a renda vai aumentando. Isso é algo previsível e esperado.

Gráfico 4

Você votaria em um presidente que: ... (por faixa de renda, escolaridade, região e acesso ao bolsa-família)
(agosto de 2009)

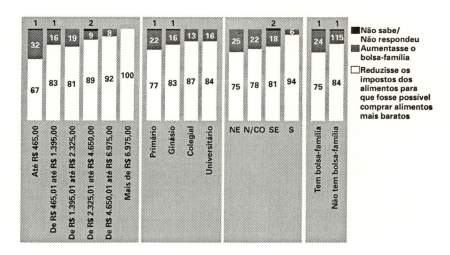

Nas duas faixas de renda seguintes, de R$ 465 a R$ 1.395, e desses valores até R$ 2.325 a preferência pelo bolsa-família cai para o patamar de 16% a 19%. A faixa de renda mais elevada é unânime em afirmar que prefere a redução de impostos que acarrete diminuição do preço dos alimentos. Essa unanimidade ocorre mais por causa da redução dos impostos, certamente, do que por conta de sua consequência no preço da cesta básica no supermercado.

O dedo na ferida: menos imposto, mais consumo

Como seria de esperar, a variação segundo as faixas de escolaridade mostra que quanto mais baixa ela é, maior o apoio relativo ao aumento do bolsa-família. Todavia, é muito expressivo que 77% dos que concluíram somente o primário sejam mais a favor da redução de impostos do que do aumento de um programa de transferência de renda do qual eles são os principais beneficiários.

Novamente, como esperaríamos, a distribuição das preferências entre menos imposto e mais programa social indica que a região que mais se beneficiou do bolsa-família, o Nordeste, é também a mais favorável a ele: 25%. Contudo, nada menos do que 75% dos nordestinos preferem a redução de impostos dos alimentos do que o aumento do bolsa-família. A proporção para as regiões Norte e Centro-Oeste se aproxima muito da do Nordeste, ao passo que a região Sul encontra-se no extremo de apoio à redução de impostos quando confrontada com a transferência de renda.

Dentre os que são beneficiados pelo bolsa-família, 25% preferem que ele seja aumentado e 75% que haja redução de impostos. Dentre os que não têm bolsa-família, 14% defendem o aumento do benefício, ao passo que 84% ficam com a redução de impostos e a consequente redução do preço dos alimentos. Essa informação sugere que as pessoas que recebem o bolsa-família, de fato, consideram o benefício algo consolidado. Adicionalmente, acreditam que a maneira de melhorar no curto prazo não é mais pelo aumento do benefício, mas por outros caminhos, daí a percepção de que a redução de impostos é mais relevante do que o aumento do bolsa-família.

Vale uma breve observação. O apoio ao aumento do bolsa-família, ainda que bastante minoritário, é relativamente maior dentre os que estão na base do rendimento médio mensal, até R$ 465 por mês, do que junto tanto a quem tem o bolsa-família quanto ao nível mais baixo de escolaridade. Nessa faixa salarial há uma esperança relativa

capítulo 2 É melhor menos impostos do que mais bolsa-família

maior de melhorar de vida por meio do bolsa-família, ainda que – nunca devemos deixar de enfatizar isto – a grande maioria, 67%, prefira a redução de impostos sobre os alimentos.

O *trade-off* entre redução de impostos e política social

Há várias maneiras de se perguntar a mesma coisa, ou melhor, há maneiras variadas de se certificar de que um determinado tema, ou uma determinada questão, desfrute dessa ou daquela preferência pela população. Pensando nisso, em maio de 2009 a amostra da pesquisa nacional foi dividida em duas partes rigorosamente iguais.[2] Para metade dos entrevistados foi solicitado que dissessem com qual das duas afirmações mais concordavam:

– O melhor para a população pobre é que o governo reduza os impostos e tenha menos funcionários públicos, com isso os preços dos produtos diminuem.

– O melhor para a população pobre é que haja mais impostos e com o dinheiro dos impostos o governo faça mais programas sociais.

A menção à população pobre está fundamentada em outra constatação relevante das pesquisas mensais: praticamente 62% da população adulta se consideram ou totalmente pobre ou pobre em grande medida. Sabemos disso porque pedimos para as pessoas se autoclassificarem nas seguintes denominações: pobre; mais pobre do que classe média; mais classe média do que pobre; classe média; mais classe média do que rico; mais rico do que classe média; e rico. Os 62% acima mencionados referem-se somente aos dois degraus mais baixos dessa pirâmide. Se somarmos as respostas "mais classe

O dedo na ferida: menos imposto, mais consumo

média do que pobre" atingiremos o patamar de 83%. É muito grande a proporção de brasileiros que se consideram pobres em maior ou menor medida. Quando alguém se diz mais classe média do que pobre, essa pessoa admite que ela é, ao menos, um pouco pobre. Esse resultado não surpreende em um país de matriz católica, como o Brasil, onde ser pobre é algo que tem riqueza simbólica.

Tabela 1

O *trade-off* entre menos imposto ou mais política social favorece a adoção de menos imposto (maio de 2009)

Com qual afirmação você concorda mais (%)	
O melhor para a população pobre é que o governo reduza os impostos e tenha menos funcionários públicos, com isso os preços dos produtos diminuem	67
O melhor para a população pobre é que tenha mais impostos e que com o dinheiro dos impostos o governo faça mais programas sociais	28
Não sabe/ Não respondeu	6

Nada menos do que 67% da população preferem a redução de impostos, desde que leve a uma consequência já aceita pela população, de que tal redução acarretará redução dos preços dos produtos. Somente 28% acham que o melhor para as pessoas pobres é mais impostos para que o governo faça mais política social.

No mesmo maio de 2009 essa pergunta foi feita, com um estímulo, para metade idêntica dos entrevistados. Quando se afirma metade idêntica está se dizendo que o perfil de sexo, idade, renda, escolaridade, região do país, profissão etc. era o mesmo tanto para os que somente responderam a versão da pergunta sem o estímulo

capítulo 2 É melhor menos impostos do que mais bolsa-família

quanto para os que a responderam com o estímulo. Trata-se de um experimento: qualquer variação nos resultados, caso ocorra, dever-se-á exclusivamente ao estímulo associado à pergunta. Como se pode ver pela tabela 2, não houve variação alguma nos resultados.

O estímulo adicionado a cada afirmação – em negrito nas frases abaixo – foi aquele que apresentava alguma desvantagem acerca da medida de redução ou aumento de impostos:

– O melhor para a população pobre é que o governo reduza os impostos e tenha menos funcionários públicos, com isso os preços dos produtos diminuem (estímulo), **mas a desvantagem é que haveria menos programas sociais como o bolsa-família.**

– O melhor para a população pobre é que haja mais impostos e com o dinheiro dos impostos o governo faça mais programas sociais, **mas a desvantagem é que os produtos como alimentos e roupas ficariam mais caros.**

A redução de impostos é preferida por 67% e o aumento de impostos por 27%. Na margem de erro estatístico da pesquisa, repetimos, é o mesmo percentual da pergunta sem estímulo. O que isso significa? Que os argumentos pró e contra a redução de impostos no debate que envolva o aumento de impostos para proporcionar mais política social favorece a redução de impostos. Isso se aplica a toda a população, independentemente de classe social.

Isso é um fato, qualquer pesquisador que queira repetir as perguntas apresentadas neste livro alcançará os mesmos resultados que obtivemos. Para os que estão surpresos, cabe perguntar, então, como isso é possível? Por que no mínimo dois terços de nossa população, incluindo as pessoas mais pobres, apoiam de maneira enfática a redução de impostos?[3]

O dedo na ferida: menos imposto, mais consumo

Tabela 2

O *trade-off* – COM ESTÍMULO – entre menos imposto ou mais política social TAMBÉM favorece a adoção de menos imposto (maio de 2009)

Versão A (%)			Versão B (COM ESTÍMULO - %)
O melhor para a população pobre é que o governo reduza os impostos e tenha menos funcionários públicos, com isso os preços dos produtos diminuem	67	65	O melhor para a população pobre é que o governo reduza os impostos e tenha menos funcionários públicos, com isso os preços dos produtos diminuem, **mas a desvantagem é que haveria menos programas sociais como o bolsa-família**
O melhor para a população pobre é que tenha mais impostos e que com o dinheiro dos impostos o governo faça mais programas sociais	28	27	O melhor para a população pobre é que tenha mais impostos e que com o dinheiro dos impostos o governo faça mais programas sociais, **mas a desvantagem é que os produtos como alimentos e roupas ficariam mais caros**
Não sabe/ Não respondeu	6	8	Não sabe/ Não respondeu

A busca e o desejo por autonomia

Uma resposta possível a essa pergunta é que as pessoas, a cada dia que passa, querem mais autonomia para tomar decisões acerca de sua vida e de suas famílias. É razoável imaginar isso, não é? O conceito é simples. Autonomia individual é a nossa capacidade de decidir, sem interferência externa, o que faremos de nossas vidas. A autonomia da família é o mesmo conceito, só que aplicado a uma unidade maior, além do indivíduo, particularmente importante na tradição brasileira.

Aplicando-se esse conceito aos recursos financeiros, tem-se mais autonomia quando temos mais dinheiro vis-à-vis ao governo. Se os impostos forem mais baixos, a sociedade (indivíduos, famílias, empresas etc.) terá mais recursos e poderá decidir o que fazer com eles. Por exemplo, as pessoas que querem mais autonomia

capítulo 2 É melhor menos impostos do que mais bolsa-família

individual preferem menos impostos, ter o dinheiro nas mãos e com isso escolher pagar um plano de saúde particular. Por outro lado, as pessoas que se importam menos com a autonomia aceitam mais facilmente os impostos mais elevados e defendem a tese de que a saúde seja inteiramente pública ou algo semelhante a isso (esse exemplo foi objeto de nossas pesquisas e será tratado no capítulo 3).

Mais uma vez a pesquisa solicitou aos entrevistados que dissessem com que frase concordam mais:

— O governo reduzir os impostos dos produtos que os pobres compram e assim sobrar mais dinheiro no bolso dos pobres.

— O governo continuar cobrando os impostos de sempre, mas dar dinheiro nas mãos dos pobres, como o bolsa-família, o vale-cultura e o pró-jovem.

Os resultados mostram que dois terços da população querem mais autonomia individual e familiar, ao passo que um terço aceita que o estado controle os recursos que de outra forma estariam em suas mãos. Como será visto no capítulo 3, quando testamos o exemplo concreto do vale-cultura o resultado foi, dentro da margem de erro, idêntico a esse.

O dedo na ferida: menos imposto, mais consumo

Gráfico 5
As pessoas preferem ter o dinheiro nas próprias mãos do que nas mãos do governo sob a forma de impostos (outubro de 2009)

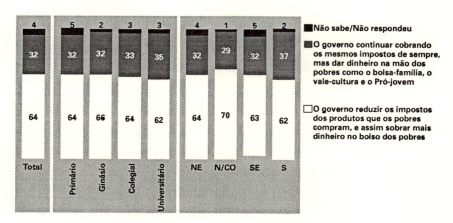

Há aqui um grande achado sociológico, baseado no seguinte fato: não há variação relevante entre os que querem menos impostos e os que querem mais impostos. Veja-se no gráfico 5 que, independentemente da classe social (escolaridade) e da região, são idênticas as proporções de quem considera que é melhor reduzir impostos (e consequentemente também de quem considera que não devam ser reduzidos). Isso resulta no seguinte achado: há duas ideologias inteiramente diferentes na sociedade que não têm correlação com classe ou com região, são independentes, cortam todo o país de cabo a rabo. A maioria dos brasileiros de todas as classes sociais gostaria de ter mais recursos financeiros para decidir como bem entendesse sobre seu uso. Uma minoria prefere que o governo controle esses recursos e decida por ele como utilizá-los. Nesse caso, ele teria acesso direto ao governo. O placar entre mais autônomos e mais dependentes do governo é de 2 a 1 para os mais autô-

capítulo 2 É melhor menos impostos do que mais bolsa-família

nomos. Esse achado deixa um ponto de interrogação igualmente relevante que foge ao escopo deste livro: o que causa essa diferença de mentalidade que independe da situação social das pessoas.[4] Eis aqui uma sugestão de pesquisa para os acadêmicos.

Reduzir impostos gera empregos

Perguntamos acima por que no mínimo dois terços de nossa população, incluindo as pessoas mais pobres, apoiam de maneira enfática a redução de impostos mesmo quando isso pode afetar alguma política social. Há várias respostas para isso. Uma delas é a busca por maior autonomia e independência individual e familiar (ver seção acima). Outra já foi apresentada no capítulo 1, que demonstra que a população associa menos imposto a mais consumo. São abundantes as evidências empíricas, de pesquisas qualitativas e quantitativas, que provam que a população sabe que paga impostos quando consome e sabe que se os impostos fossem mais baixos ela compraria mais coisas.

Uma terceira razão que motiva o apoio da população à redução de impostos é como ela vê e relaciona impostos e empregos. Há uma crença social generalizada de que a redução de impostos levaria ao aumento da oferta de empregos. Essa crença foi mensurada de várias maneiras diferentes. A primeira delas foi por meio de uma pergunta aberta. Perguntamos em março de 2009: "Se você fosse o presidente, o que faria para diminuir o desemprego?"

O gráfico 6 expõe, para cada item mencionado espontaneamente, qual a proporção de menções nas quais ele aparece em primeiro lugar, qual a proporção na qual ele é mencionado como segunda medida e qual a proporção de respostas em que aquele item simples-

O dedo na ferida: menos imposto, mais consumo

mente é mencionado. Os quatro primeiro colocados foram, na seguinte ordem:

1) Incentivaria as empresas privadas, ofereceria incentivos para atrair mais empresas, abriria empresas – 41% do total de menções;
2) Ofereceria uma redução de impostos – 20% do total de menções;
3) Criaria postos de trabalho – 17% do total;
4) Ofereceria cursos preparatórios para as pessoas de baixa renda, cursos profissionalizantes, cursos de reciclagem, investiria em educação – 12% do total de menções.

Do 5º item em diante a proporção de menções é irrisória.

Note-se que o 1º e o 3º itens mais mencionados são praticamente sinônimos a "aumentar a oferta de emprego". Isto é, se você fosse o presidente, o que você faria para reduzir o desemprego? Resposta: geraria mais empregos. Não há uma medida concreta, em tais respostas, que seja o caminho para a geração de empregos. As duas medidas concretas espontaneamente mencionadas por todas as classes sociais em todo o Brasil foram: redução de impostos e cursos profissionalizantes.

Na nossa compreensão, trata-se de um resultado surpreendente. Enfatizamos: quando se pergunta de maneira aberta a todos os brasileiros adultos o que fazer para reduzir o desemprego, a resposta espontânea mais mencionada, que ao mesmo tempo é uma medida concreta e específica, é a redução de impostos. Por si só esse resultado já seria suficiente para demonstrar que o tema da redução de impostos está fortemente associado ao da geração de empregos.

capítulo 2 É melhor menos impostos do que mais bolsa-família

Gráfico 6

Se você fosse o presidente, o que você faria para reduzir o desemprego? (março de 2009)

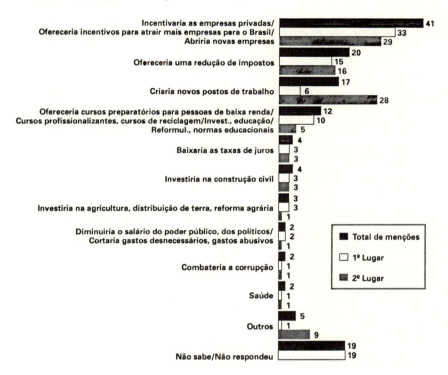

Outra maneira utilizada para ter certeza da relação entre estas duas questões, impostos e empregos, foi por meio de uma pergunta fechada, na qual é apresentada uma lista de opções e o entrevistado escolhe duas delas como resposta. Nesse caso, houve apenas duas opções: o maior obstáculo e o segundo obstáculo para a geração de empregos. Isso faz com que o total de menções, diferentemente do que acontece na pergunta aberta, seja a soma simples das duas opções. Os resultados estão no gráfico 7.

Gráfico 7
Qual o maior obstáculo para a criação de empregos? E qual o segundo obstáculo? (março de 2009)

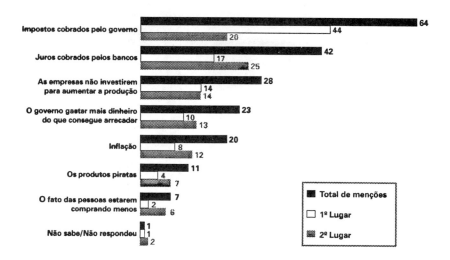

"Impostos cobrados pelo governo" aparece com 44% das respostas como o maior obstáculo para se gerar empregos. Um resultado bem à frente dos apenas 17% de maior obstáculo para "juros cobrados pelo governo" e 14% para "as empresas não investirem na produção". "O governo gastar mais dinheiro do que consegue arrecadar" não tem a menor importância para a geração de empregos, ele é visto como um obstáculo relevante por uma parcela muito pequena da população adulta.

A terceira pergunta feita para testar a relação entre mais impostos e menos empregos testou um tema corriqueiro do debate público. Para a população, o que tem mais relação com a geração de empregos, a redução dos impostos ou dos juros? Os resultados do gráfico 7 não são suficientes para temos certeza de que a resposta a essa questão é a redução dos impostos. Isso porque todas as demais respostas que não sejam impostos nem juros, em um confronto direto desses dois, poderiam migrar em grande proporção para os juros. Assim, perguntamos: "Para gerar mais empregos, diminuindo o desemprego, o que dá mais resultados, cobrar menos impostos ou reduzir os juros?"

Cobrar menos impostos vence por um placar aproximado de 70 a 30.[5] Em cada dez brasileiros, sete acham que a redução de impostos é mais efetiva para gerar empregos do que a redução de juros. Por outro lado, aproximadamente três desses dez ficam com a redução de juros. Outro resultado importante é a pouca variabilidade desse padrão de resposta, tanto por classe social quanto por região.

Gráfico 8

Para gerar mais empregos, diminuindo o desemprego, o que dá mais resultados, cobrar menos impostos ou reduzir os juros? (março de 2009)

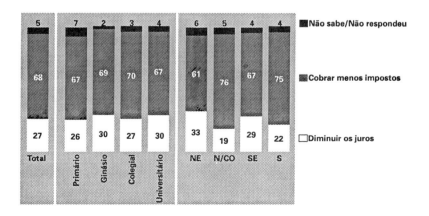

O dedo na ferida: menos imposto, mais consumo

No caso das regiões, há uma pequena diferença entre Nordeste e Sudeste, de um lado, querendo proporcionalmente mais redução de juros do que Norte, Centro-Oeste e Sul, do outro. De toda sorte, ainda que haja essa pequena diferença entre as regiões, tanto no Nordeste quanto no Sudeste é avassaladora a preferência pela redução de impostos como forma de combate ao desemprego.

capítulo 3

O óbvio
ululante

capítulo 3

O TÍTULO DESTE CAPÍTULO BUSCA INSPIRAÇÃO EM Nelson Rodrigues porque é óbvio que a carga tributária brasileira é elevada e sufoca a atividade econômica. Diante de um fato tão claro e bem-documentado, cumpre saber o que a população prefere, que o governo invista mais recursos na segurança pública, mesmo que para isso seja preciso aumentar os impostos, ou, ao contrário, que o governo gaste melhor os recursos existentes. É óbvio e ululante o resultado (que será visto em breve) para essa questão. É tão óbvio assim? Vamos supor que o resultado seja favorável a gastar melhor os recursos existentes. É isso que ocorre no debate público brasileiro? Você já viu ou ouviu algum administrador público enaltecendo o fato de o governo ter gastado melhor os recursos existentes? Ou o que você vê é o oposto, os nossos gestores públicos dizendo a torto e a direito que no último ano, biênio ou quatriênio investiram tantos e quantos milhões <u>a mais</u> na segurança pública, saúde e educação? É claro que nunca é mencionado que o aumento de gastos resulta, no mínimo, na incapacidade do governo, qualquer que seja ele, de conter o aumento de impostos. Mas isso, óbvio, ninguém diz.

O dedo na ferida: menos imposto, mais consumo

A regra, no Brasil dos impostos, é ir contra o óbvio. O óbvio e ululante é que a grande maioria das pessoas prefere que se gastem melhor os recursos existentes, mas ninguém utiliza esse discurso público. Isso provavelmente acontece porque há uma crença generalizada de que a população gosta – e os aprova – de administradores que invistam mais e mais milhões para oferecer mais e mais serviços públicos, mesmo que para isso tais administradores aumentem as alíquotas, os IPTUs e os IPVAs da vida. Há uma crença generalizada em algo errado, que mais promessas de mais recursos financeiros atraem mais a aprovação dos brasileiros do que a utilização mais eficiente dos recursos. Diga-se, utilizar melhor os recursos existentes não é um fim em si próprio, um bem em si mesmo, tem que ter algum resultado para a população. Qual é esse resultado? A eficiência na utilização de recursos públicos deve levar, ao menos teoricamente, a não aumentar impostos ou, excepcionalmente, a reduzi-los aqui e acolá.

O discurso óbvio e ululante

Em agosto de 2009 perguntamos à população adulta brasileira: "O que dá mais resultado para melhorar a saúde no Brasil? Cobrar mais impostos, porque a saúde precisa de mais recursos, ou utilizar melhor os recursos existentes?"

O recado da população é bastante claro: 80% consideram que o que traz mais resultados para melhorar a saúde no Brasil é utilizar melhor os recursos existentes. Somente 18% acham que é preciso cobrar mais impostos para ter mais recursos. Aliás, cabe um breve parêntese aqui. Qualquer pesquisa qualitativa mostrará que um dos argumentos muito disseminados entre a nossa população é que a

CPMF, voltada para obter mais recursos para a saúde, não fez a menor diferença na melhoria dos serviços públicos. A saúde antes, durante e depois da CPMF nem melhorou nem piorou. Ou seja, o governo educou a população dizendo para ela o seguinte: vejam, mesmo tendo mais recursos por meio de mais impostos, a CPMF nada melhorou no serviço de saúde de que você depende e a que você tem acesso.

Gráfico 1

O que dá mais resultado para melhorar a saúde no Brasil?

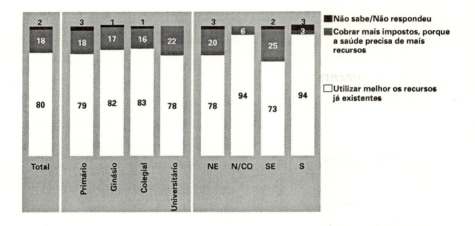

Depois de ver esses resultados alguém poderá afirmar: "Mas isso é óbvio, não era preciso fazer uma pesquisa para saber que as pessoas querem que os recursos sejam utilizados de forma mais eficiente." Perguntamos: será mesmo tão óbvio? Se é tão óbvio assim, por que esse não é o discurso corrente no Brasil? Por que o discurso predominante é justamente o outro, o minoritário, que defende sempre mais e mais recursos? É claro que esse discurso nunca menciona que para

O dedo na ferida: menos imposto, mais consumo

se ter mais recursos é preciso taxar mais a sociedade. Porém, o mais surpreendente é que há no Brasil aqueles que lutam por menos gastos com a folha de pagamento do setor público e maior eficiência na gestão. Se isso é defendido, por que então não se passa para o seu corolário: "Com mais eficiência será preciso cobrar menos impostos, você irá pagar menos impostos. Por isso, vale a pena escolher governantes eficientes." O surpreendente é que esses que enfatizam a necessidade de eficiência na gestão não falam de utilizar melhor os recursos existentes nem de contenção de aumento de impostos ou mesmo redução de taxas. Ou seja, há o temor de que a sociedade puna esse discurso. Não custa repetir: se esse discurso for utilizado, a sociedade não o punirá, pelo contrário, ele será premiado.

O resultado dessa pergunta revela que as classes sociais (escolaridade) são idênticas no que tange ao apoio à utilização mais eficiente dos recursos. As pequenas variações entre elas ficam dentro da margem de erro estatístico da pesquisa. Há, sim, variações relevantes entre as regiões. No Sul, Centro-Oeste e Norte o apoio à melhor utilização dos recursos existentes (94%) é maior do que nas regiões Sudeste e Nordeste (73% e 78%, respectivamente). Uma possível explicação para esse resultado é a tradição mais europeia da Região Sul, que teria gerado uma maior massa crítica favorável à eficiência. Movimentos migratórios recentes de tais populações do Sul para inúmeras cidades das regiões Norte e Centro-Oeste podem estar na origem da semelhança entre essas regiões. De toda maneira, a explicação para tais diferenças poderia ser matéria de um estudo acadêmico mais pormenorizado. Tudo indica que se trata realmente de um fenômeno regional, posto que não há diferenças entre as classes sociais.

A pergunta feita para a saúde também foi feita para a educação e para a segurança pública. Os resultados foram os seguintes:

O que dá mais resultado para melhorar a EDUCAÇÃO no Brasil?

Utilizar melhor os recursos já existentes – 83%

Cobrar mais impostos, porque a educação precisa de mais recursos – 15%

Não sabe /não respondeu – 2%

O que dá mais resultado para COMBATER A CRIMINA-LIDADE no Brasil?

Utilizar melhor os recursos já existentes – 84%

Cobrar mais impostos, porque para combater o crime é preciso mais recursos – 14%

Não sabe /não respondeu – 2%

Os resultados são idênticos aos obtidos quando o tema era a saúde, tanto os gerais quanto os por classe social e região (por isso me abstenho de apresentá-los aqui).

Qual a principal conclusão acerca dessa avaliação de três áreas de grande relevância para a população – saúde, educação e segurança pública – no que tange à escolha entre mais eficiência *versus* mais recursos por meio de impostos? A conclusão é curta e grossa: "Não é preciso mais recursos, não é preciso mais impostos, é preciso, sim, utilizar melhor os recursos existentes." Se a partir de agora de fato se trata de uma conclusão óbvia, torçamos para que a população seja ouvida e os discursos públicos caminhem nessa toada.

A *rationale* também óbvia e ululante

Vejamos o raciocínio que leva a população a defender a melhor utilização dos recursos existentes. A forma de pensar da população é de uma simplicidade franciscana e será toda fundamentada por dados

O dedo na ferida: menos imposto, mais consumo

empíricos de pesquisas. O raciocínio da população segue a lógica abaixo e está baseado na experiência direta da população, seja no seu dia a dia, seja por meio do noticiário da mídia:

1) A população sabe que paga impostos (veja-se o capítulo 1) e também sabe que o dinheiro dos impostos é o que faz o governo funcionar, é o que possibilita o governo fazer as coisas que faz;

2) A população avalia muito mal os serviços públicos. Ela acha que, por exemplo, os de saúde e de educação são bem piores do que os planos de saúde e as escolas particulares. Portanto, sabe que o recurso sai do bolso dela, mas não vê o retorno desse mesmo recurso – dos impostos – na forma de bons serviços;

3) A população é levada a concluir, dessa forma, que houve desvio de recursos e que, justamente por isso, o governo poderia cobrar menos impostos e mesmo assim oferecer os serviços que oferece. Assim, para que mais recursos? Basta utilizar melhor os existentes. Essa forma de pensar é reforçada pelos inúmeros escândalos de corrupção que eclodem de tempos em tempos no noticiário;[1]

4) Adicionalmente, a população também acredita que se o governo baixar os impostos, o preço dos produtos cairá; com isso a economia ficará mais aquecida, todos vão comprar mais e o governo vai conseguir arrecadar mais ainda.

ÓBVIO, NÃO?
VEJAMOS AS EVIDÊNCIAS EMPÍRICAS.
Em outubro de 2009 fizemos a seguinte pergunta aberta: "Para o governo funcionar, precisa de dinheiro para pagar funcionários,

para fazer obras, para pagar as contas. Na sua opinião, de onde vem o dinheiro do governo?" Quem imagina que a população não tenha noção do que sejam os impostos ficará surpreso com os resultados. Nada menos do que 90% disseram que os recursos que fazem o governo funcionar vêm dos impostos. Sem margem para dúvidas, a população sabe o que são os impostos e sabe que ela os paga (capítulo 1). É na base da pirâmide social que a ignorância é maior. Mesmo assim, 86% dos que completaram somente o primário disseram que os recursos do governo vêm dos impostos. É a mesma proporção do Nordeste, a região onde as respostas "não sabe" e "não respondeu" foram mais elevadas. Isso acontece justamente porque o Nordeste tem a menor escolaridade média do Brasil.

Gráfico 2

De onde vêm os recursos do governo (outubro de 2009)

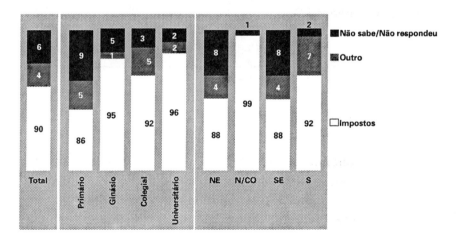

A tabela 1 mostra os resultados da avaliação (escala: ótimo, bom, regular, ruim e péssimo) dos serviços público e particular de saúde (a população não utiliza a terminologia educação privada ou saúde privada, mas sim educação particular e saúde particular. Daí a utilização do termo particular em todas as perguntas nas quais isso foi necessário). Pouco mais de 50% da população brasileira afirmam que a saúde particular é ótima ou boa. Essa proporção é invariável em todas as classes sociais e varia entre as regiões. O Nordeste tem um resultado muito próximo da média nacional, ao passo que no Sul, Norte e Centro-Oeste, em particular nessas duas últimas regiões, a avaliação está acima da média nacional e no Sudeste fica abaixo dessa média.

Tabela 1

Avaliação dos serviços público e particular de saúde (setembro de 2009)

(Ótimo + Bom - %)	Total	Escolaridade				Regiões do Brasil			
		Primário	Ginásio	Colegial	Universitário	NE	N/ CO	SE	S
Serviço particular de saúde	51	51	51	49	51	55	70	39	59
Serviço Público de Saúde	8	9	11	4	5	13	5	8	2

Há um fosso gigantesco entre as avaliações dos dois sistemas de saúde. O serviço público fica com somente 8% de ótimo e bom. O ruim e péssimo do sistema público de saúde atingiu a proporção de 46%, enquanto o "regular para ruim" ficou em 26% e o "regular para bom" em 21%. Quem mais utiliza o sistema público são as classes sociais mais baixas e quem mais utiliza o sistema particular são aqueles que têm o grau universitário completo. Considerando-se isso, é possível perceber que nacionalmente não há variação muito relevante da avaliação de quem utiliza e não utiliza os respectivos sistemas. É possível assumir que a avaliação daqueles que completaram somente o primário e o ginásio é uma avaliação com conhecimento de causa. O que eles dizem do sistema público é dito baseado em suas experiências concretas e diárias. Por outro lado, o mesmo vale para aqueles que têm o superior completo quanto a sua avaliação do sistema particular.

A avaliação da escola pública frente ao sistema de ensino particular não é muito melhor, é apenas um pouco melhor. A diferença na soma de ótimo e bom na comparação dos dois sistemas de saúde é de 43 pontos percentuais (51 menos oito). Na educação essa diferença cai para 41 pontos percentuais, resultado da subtração dos 62% de ótimo e bom atingidos pelo sistema particular de educação menos os 21% de ótimo e bom do sistema público.

Tabela 2

Avaliação dos serviços público e particular de educação (setembro de 2009)

(Ótimo + Bom - %)	Total	Escolaridade				Regiões do Brasil			
		Primário	Ginásio	Colegial	Universitário	NE	N/ CO	SE	S
Escolas particulares	62	61	63	64	53	72	84	47	64
Escolas públicas	21	23	20	20	13	36	27	14	7

De um modo geral, as mesmas análises feitas para a saúde, no que se refere às classes sociais e regiões, são válidas para a educação. O que os dois resultados revelam é: a avaliação da população acerca dos serviços públicos que mais a atingem em seu dia a dia é muito ruim.

O dedo na ferida: menos imposto, mais consumo

Estão aí todos os ingredientes do passo final do raciocínio da população: o dinheiro do governo vem dos impostos, pagamos impostos e os serviços públicos são péssimos ou ruins. Eis agora o desfecho.

Solicitamos que as pessoas encolhessem entre duas frases:[2]

1) Não é problema se o governo reduzir os impostos, basta que o governo reduza a corrupção, reduza a mordomia e gaste melhor o dinheiro que ele já tem que ele pode reduzir os impostos e continuar fazendo tudo o que ele já faz;

2) É, sim, um problema se o governo reduzir os impostos. Se isso acontecer, vai faltar dinheiro para coisas como o bolsa-família, o pró-jovem, construção de moradias populares, saúde e educação.

A grande maioria da população – 67% – considera que o governo pode reduzir os impostos que mesmo assim terá recursos para suas obrigações e tarefas. Para que isso seja possível, é preciso reduzir o desperdício, a corrupção, as mordomias e gastar com mais eficiência o dinheiro dos impostos. Somente 29% da população adulta acham que a redução de impostos poderia comprometer os serviços que o governo oferece.

Sublinhe-se o fato de que todas as classes sociais, excetuando-se a base da pirâmide, defendem na mesma proporção a redução de impostos com a respectiva redução da corrupção e da mordomia: entre 71% e 76% nas faixas de escolaridade ginásio completo, secundário completo e superior completo. Aqueles que apenas fizeram o primário são os que mais acham, relativamente, que a redução de impostos pode ameaçar os serviços do governo: 34% pensam dessa forma. Mesmo nesse grupo social, exatamente 60%

consideram que é possível reduzir impostos sem comprometer o papel do governo, desde que as mordomias e a corrupção sejam igualmente reduzidas.

No que tange às regiões há uma diferença que merece destaque: a Sul é a que mais acredita ser possível a redução de impostos, desde que acompanhada da redução de desperdício de dinheiro público: 83% pensam dessa forma. Na Norte e Centro-Oeste, essa proporção é de 73%, na Sudeste, de 64% e na Nordeste, de 60%.

Devemos agora nos despir de eventuais preconceitos elitistas e aceitar a ideia de que não apenas as pessoas mais escolarizadas, mas toda a população – praticamente sem grandes diferenças entre as classes sociais, a não ser a apontada anteriormente para aqueles que apenas concluíram o primário – considera que o governo já tem recursos suficientes para cumprir seu papel. Basta ser mais eficiente no uso dos impostos, o famoso dinheiro público. Isso implica reduzir a corrupção, os privilégios, os desperdícios. Dito de outra forma: "Não aceito aumento de impostos enquanto não ficar claro que há menos corrupção e desperdício." É o óbvio e ululante.

O dedo na ferida: menos imposto, mais consumo

Gráfico 3

O governo pode reduzir os impostos que mesmo assim irá ter dinheiro para fazer o que ele faz. Basta que para isso ele reduza a corrupção (outubro de 2009)

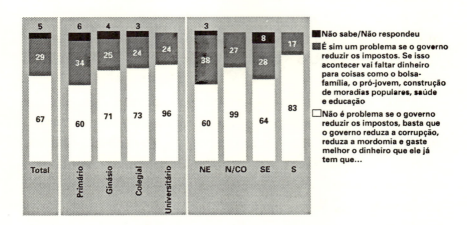

Óbvio não apenas para a classe baixa, mas para todas as classes sociais. Nunca houve sequer um formador de opinião que tenha dito isso aos mais pobres e aos menos escolarizados. O mais provável é que tenham formado por si sós tal opinião, por causa da combinação de dois fenômenos: serviços públicos de péssima qualidade e escândalos de corrupção infindáveis e recorrentes. A população pouco escolarizada pode ser mal informada, mas não é burra. Vive na pele as consequências do mau uso do recurso público. Tudo de que precisa para levar a cabo esse raciocínio é saber que paga impostos, e isso ela sabe (para espanto daqueles que não conhecem como o povo pensa).

Para fechar com chave de ouro essa maneira de pensar, a população também acha que a redução de impostos não resultará

capítulo 3 O óbvio ululante

necessariamente em menos recursos nas mãos do governo. Há um argumento muito difundido na sociedade que é expresso com muita simplicidade em pesquisas qualitativas: "Se o imposto baixar os produtos ficam mais baratos, se ficarem mais baratos eu que comprava um quilo de feijão vou comprar dois. Todo mundo vai fazer o mesmo e aí o governo vai arrecadar mais impostos." Outra forma também simplória de expressar essa percepção é a seguinte: "Com menos impostos a economia vai girar mais, haverá mais empregos e aí o governo vai ter mais dinheiro cobrando impostos de mais gente."

Faça-se a ressalva de que o que as pessoas pensam, as percepções, não necessariamente está de acordo com os fatos. É possível que a arrecadação resultante da combinação entre redução de impostos e aumento de consumo seja menor do que o inverso, isto é, a arrecadação com impostos mais elevados e menos consumo. As percepções predominantes indicam, acima de tudo, como se comunicar com a sociedade. Se a grande maioria das pessoas acredita que com redução de impostos a arrecadação governamental não diminui, ao contrário, aumenta, isso significa que a defesa de menos impostos encontra amplo apoio junto à sociedade e, mais ainda, a população não acredita que impostos mais baixos irão quebrar o governo. Esse discurso é amplamente aceito pelos brasileiros.

De fato, nada menos do que 60% de todos os brasileiros consideram que: "Se o governo baixar os impostos de produtos, a arrecadação aumentará porque o produto venderá mais e a economia irá girar mais."

101

O dedo na ferida: menos imposto, mais consumo

Gráfico 4
Impostos mais baixos resultam em arrecadação maior (outubro de 2009)

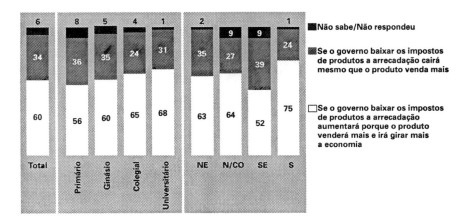

Somente 34% têm a crença oposta, de que "se o governo baixar os impostos de produtos a arrecadação cairá mesmo que o produto venda mais". Outros 6% não optaram nem por uma nem por outra visão de mundo, não souberam ou não quiseram responder à questão.

Há uma proporção crescente dos que acham que menos impostos levam a mais arrecadação, na medida em que se sobe na pirâmide social. Na classe mais baixa, aqueles que têm apenas o primário completo, 56% acham isso; essa proporção cresce para 60% junto aos que completaram o ginásio, 65% para quem finalizou o colegial e 68% para o superior completo. O mais interessante é que a proporção da resposta oposta, de que menos impostos levam o governo a arrecadar menos, não cresce tanto quando se sobe a pirâmide social. O que mais varia, diminuindo, é a proporção dos que não respondem a essa pergunta.

capítulo 3 O óbvio ululante

É na Região Sul o maior apoio ao argumento de que menos impostos levam a girar mais a economia e com isso o governo arrecada mais: 75%. O Sul é seguido do Nordeste, Norte e Centro-Oeste, que ficam na faixa de 63%. O Sudeste é que menos concorda com esse argumento; mesmo assim, trata-se de um apoio majoritário: 52%. Nessa região 9% não responderam à pergunta e 39% acham que menos impostos levarão o governo a arrecadar menos. Esses 39% ficam um pouco acima da média nacional para essa resposta, que é de 34%.

Também óbvio e ululante: um discurso geral contra a coligação do gasto para grupos específicos

Gastos aprovados com facilidade beneficiam, em geral, grupos específicos. Há interesses muito bem-organizados que pressionam nossos legisladores a aprovar mais e mais gastos. Quando é fácil aumentar impostos, fica também fácil ceder a esses grupos de pressão. Cada gasto a mais resulta ou em aumento de impostos ou na impossibilidade de reduzi-los. Não temos a ilusão de que a redução de impostos seja algo pertencente ao horizonte da *Realpolitik*. De um modo geral, a trajetória tributária secular de todos os países do mundo é de aumento da carga tributária, com o consequente aumento da estrutura do governo e dos gastos públicos. Acreditamos, porém, que se isso acontece em países que, como os Estados Unidos ou as democracias da Europa Ocidental, têm forças políticas de grande peso que verbalizam e canalizam a mobilização social por menos impostos, o que dizer então de nosso Brasil, no qual há um desejo latente da população por menos impostos, sem a correlata mobilização que precisa acontecer de

103

O dedo na ferida: menos imposto, mais consumo

cima para baixo com a finalidade de que tal desejo latente se torne vontade manifesta? O que acontecerá conosco? Teremos sempre os vales-cultura da vida, sempre aprovados com facilidade, apesar da e contra a vontade da maioria?

Em 16 de dezembro de 2009 o Senado aprovou proposta do Executivo criando o vale-cultura. Trata-se de uma contribuição mensal de R$ 50 para que as pessoas que ganham até cinco salários mínimos gastem com bens culturais, tais como livros, ingressos de cinema e teatro.[3] É uma situação exemplar na qual um grupo específico é beneficiado com um gasto público a expensas de toda a sociedade, que paga o imposto para sustentar tal gasto. O ônus é geral e o bônus é específico. O imposto é para todos e o vale-cultura é apenas para alguns. Exatamente isso: cada gasto governamental a mais tem como contrapartida a necessidade ou de aumentar impostos ou de jamais deixar alguma margem para que sejam reduzidos. Isso é válido para o vale-cultura, para a contratação de funcionários públicos, para o aumento salarial dos servidores etc.

Em primeiro lugar, somente 14% disseram que tomaram conhecimento da aprovação do vale-cultura pelo Legislativo. Mesmo assim, na pesquisa informamos aos entrevistados sobre o que era o vale-cultura. Como se trata de um benefício de R$ 50 a aprovação é generalizada: 70% se declararam favoráveis, 19% contra e 11% não responderam à pergunta. Em seguida fizemos uma nova pergunta:

— Para o governo fazer o vale-cultura, não poderá reduzir os impostos. Você é contra ou a favor do vale-cultura sabendo que o governo com mais esse gasto não vai poder reduzir os impostos?

O resultado disso é que 48% se declararam contrários ao vale-cultura. Apenas 19% eram contra quando não foi mencionado o imposto. Isso significa um crescimento de 29 pontos percentuais. Por outro lado, somente 39% mantêm o apoio ao benefício. Sem mencionar os impostos, o apoio era de 70%. Isso significa uma redução de 31 pontos percentuais, quase metade dos 70% que foram a favor do benefício.

Gráfico 5

Proporção dos que são contra e a favor do vale-cultura quando são informados de que o benefício tem custo, pago por eles com impostos (outubro de 2009)

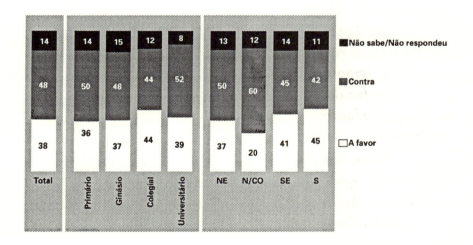

É preciso dizer mais? A maior crítica – geral – a qualquer aumento de gasto do governo para beneficiar grupos específicos é a seguinte:

— Com esse novo benefício aprovado pelo governo os impostos vão subir e com isso o preço dos produtos acabará subindo, você consumirá menos e haverá menos geração de empregos.

O dedo na ferida: menos imposto, mais consumo

Essa crítica nunca é utilizada? Por quê? A crítica mais comum é que se trata de assistencialismo. Aliás, é muito comum vermos o argumento público de menos gastos e mais eficiência na gestão. Esse argumento, porém, nunca está acompanhado de sua conclusão natural: com menos gastos e uma gestão mais eficiente será possível reduzir impostos (ou, pelo menos, não aumentá-los). A população é pragmática. A gestão em si não sensibiliza. Gastar menos em si não sensibiliza. A população só valorizará esses atributos quando notar que isso traz ou trará um benefício imediato para ela, que seria – obviamente – a redução de impostos.

Qualquer novo gasto aprovado pelo governo sobre o qual a população seja informada de que terá de pagar mais impostos para cobri-lo causa uma oposição imediata. Isso vale para praticamente tudo. Do vale-cultura até as Olimpíadas, passando pelo funcionalismo público. Aliás, em 2 de outubro de 2009 o Rio foi escolhido como sede da Olimpíada de 2016. Desde que os Jogos Olímpicos existem, é a primeira vez que ocorrem em uma cidade da América do Sul. A cobertura da mídia foi avassaladora e o Brasil festejou o resultado. Foi e é um enorme motivo de orgulho para toda a população. Apesar disso, quando se fala em mais impostos para obter recursos que sejam investidos na preparação para a Olimpíada, a mesma população que se orgulha do Rio como cidade olímpica vem mostrar que tudo tem limites.

Olimpíada tem custo e ele é pago pelos impostos. Por isso perguntamos:

– O que você prefere: que o governo aumente os impostos e com o dinheiro deles sejam feitas muitas obras para a Olimpíada e ela seja um sucesso?

– Que o governo não aumente os impostos, mesmo que com isso a Olimpíada não seja um sucesso?

capítulo 3 O óbvio ululante

A maioria, 56%, prefere que os impostos não sejam aumentados mesmo que com isso haja o risco de a Olimpíada fracassar. Por outro lado, 32% aceitam pagar os custos de impostos mais elevados para que a competição seja um sucesso. Igualmente interessante é o fato de que o desejo de não aumentar impostos (ou a aceitação de que sejam elevados) é idêntico quando se comparam as classes sociais. Mais uma vez, isso indica que a demanda por impostos mais baixos, ou pelo menos para que não sejam aumentados, independe da classe social. Quando avaliam-se as regiões, vê-se que no Norte e Centro-Oeste as pessoas não souberam ou não quiseram responder à pergunta em grande proporção (23%). O menor percentual dessa resposta foi na Região Sul (5%), justamente onde há o maior apoio ao aumento de impostos. Esse resultado é o oposto do que consistentemente vê-se acontecer na Região Sul, que é a oposição relativamente maior aos impostos. É possível que isso se deva ao fato de as pessoas considerarem que, uma vez que haverá Olimpíada no Brasil, que seja feita da melhor forma possível, custe o que custar.

Ainda assim, a proporção de habitantes do Sul contrários ao aumento de impostos mesmo com o risco de fracasso dos Jogos é de 52%, a maioria. É no Sudeste, onde fica o Rio, a maior oposição ao aumento de impostos: 59% são contra. Isso ocorre, em grande medida, porque os outros estados no Sudeste, mais próximos do Rio, não se beneficiam com a Olimpíada como o Rio e teriam de pagar mais por isso com mais impostos.

O que o vale-cultura e a Olimpíada ilustram é que há um discurso muito efetivo contra mais gasto, é preciso mostrar sempre que mais gastos significam mais impostos, ou pelo menos não irão permitir que os impostos sejam reduzidos. Impostos elevados (ou mais elevados) acarretam menos consumo e menos emprego. Os preços

O dedo na ferida: menos imposto, mais consumo

dos serviços e produtos ficam mais altos e a obtenção de uma fonte de renda segura e regular fica mais difícil. Enfatizamos: é assim que pensa a população de todas as classes sociais e de todas as regiões. Por que não há um líder de peso, uma instituição de grande visibilidade, que faça esse discurso? Trata-se de uma pergunta cuja resposta vai além das ambições deste livro.

capítulo 4

Menos impostos

e menos
benefícios para
os funcionários
públicos

capítulo 4

HUGH TREVOR-ROPER, EM SEU LIVRO *A CRISE DO SÉ-culo XVII: religião, reforma e mudança social*, demonstra que ela foi uma profunda transformação nas relações entre Estado e sociedade, de um Estado perdulário, repleto de funcionários públicos e privilégios, que, para se sustentar, precisava extrair por meio de impostos recursos da sociedade. Foi assim por toda a Europa, esse era o "Estado renascentista". Alguns trechos do livro se parecem muito com o Brasil do século XXI, as semelhanças não se devem a pura coincidência. Vale transcrevê-los e solicitar ao leitor que imagine as devidas adaptações de linguagem, locais, datas, eventos para o nosso país:

"O século XVI é uma época não de cidades, mas de cortes: de cidades capitais tornadas esplêndidas menos pelo comércio do que pelo governo. Não foi como cidades industriais ou comerciais, mas como cortes, que Bruxelas, Paris, Roma, Madri, Nápoles, Praga alcançaram seu esplendor no século XVI." (p. 102)

"Quando vamos aos fatos, descobrimos que se trata, no fundo, de uma grande burocracia em expansão, um imenso sistema de centralização administrativa, provida de uma multidão sempre crescente de 'cortesãos' ou 'funcionários'." (p. 104)

"Assim, o poder dos príncipes da Renascença não era apenas principesco: era também o de milhares de 'funcionários', que, como seus senhores, tinham gostos extravagantes e, de algum modo, meios de gratificá-los." (p. 106)

"O fato é que apenas uma fração do custo da burocracia real recaía diretamente sobre a Coroa: três quartos dele recaíam, direta ou indiretamente, sobre o país." (p. 106)

"Era considerado normal que cobrasse uma soma razoável por audiências, favores, assinaturas, que explorasse sua função para fazer bons negócios, que investisse dinheiro público, quando em suas mãos, em seu benefício." (p. 107)

"E os homens começaram a esquecer essa linha convencional, invisível, entre 'ganhos legítimos' e 'corrupção'." (p. 108)

"Todos os autores do século XVII concordam que os ganhos casuais de função cresceram enormemente; e que esses ganhos foram multiplicados às expensas do consumidor, o país." (p. 109)

"Coletavam antigas taxas absurdas, ou mesmo novas taxas absurdas, impondo cargas absurdas, quatro vezes maiores, aos contribuintes." (p. 110)

"Esse é um mundo de gasto irrefletido, construção esplêndida, festas imensas e ostentatórias, demonstrações evanescentes." (p. 116)

"Em torno de 1621 as guerras de Filipe II foram retomadas, trazendo em sua esteira novos impostos, novos cargos, novas cobranças." (p. 117)

capítulo 4 Menos impostos e menos benefícios para os funcionários públicos

O que não é óbvio: nem os funcionários públicos escapam. E o que é óbvio: ninguém queria mais sete mil vereadores

Quem tem medo dos funcionários públicos? Ter medo dos funcionários públicos tem uma implicação imediata, faz com que aquele que toma decisões sobre a vida dos servidores tenha a tendência de ceder às suas demandas. Não ter medo significa enfrentá-los, ter medo significa ceder.

Um caso particular de gastos feitos para grupos específicos refere-se à contratação de mais funcionários públicos e ao aumento de seus salários, assim como ocorreu na Europa dos séculos XVI e XVII. Às vezes são funcionários não eleitos. Porém, em muitos casos, principalmente nas democracias modernas, são funcionários eleitos, como foi o caso dos sete mil novos vereadores aprovados pelos nossos legisladores em Brasília no segundo semestre de 2009. O leitor deve imaginar que a população brasileira trabalha com dois pesos e duas medidas: é contra os sete mil novos vereadores, o que é uma verdade que será mostrada com números, mas quer que mais e mais funcionários públicos sejam contratados. Afinal, há uma crença generalizada de que em muitos lugares do Brasil a economia local depende dos rendimentos dos funcionários públicos. Assim, mesmo aqueles que não são servidores se beneficiam com o fato de haver muitos servidores. Mostraremos que isso é um ledo engano. A população não pensa dessa maneira. Consequentemente, a visão que a população tem tanto de mais sete mil vereadores quanto de mais e melhores salários para os servidores públicos é muito semelhante.

Iniciemos pelo menos controverso: o caso dos mais de sete mil novos vereadores. Em 22 de setembro de 2009 a Câmara dos

O dedo na ferida: menos imposto, mais consumo

Deputados aprovou em segundo turno uma lei cuja consequência imediata seria a abertura de mais sete mil e 500 vagas de vereadores em todo o Brasil. Três perguntas foram feitas em outubro de 2009 acerca dessa medida, de seus resultados, e as respectivas perguntas, estão a seguir:

1) Tomou conhecimento/soube da aprovação da contratação de mais sete mil vereadores?
   a) Sim: 26%
   b) Não: 72%
   c) Não sabe/não respondeu: 2%
2) É contra ou a favor da contratação de mais sete mil vereadores?
   a) Contra: 86%
   b) A favor: 10%
   c) Não sabe/não respondeu: 4%
3) Com qual frase você mais concorda?
   a) Será possível pagar o salário de sete mil novos vereadores sem precisar aumentar os impostos: 12%
   b) Acabará ocorrendo aumento de impostos para pagar o salário de sete mil novos vereadores: 81%
   c) Não sabe/não respondeu: 7%

A medida aprovada, portanto, tem três características importantes: foi muito pouco visível para a população, justamente uma decisão que diz respeito aos representantes do povo no nível eleitoral mais próximo do dia a dia, o município. Uma vez informada da medida, praticamente a totalidade da população é contrária a ela e, por fim, a grande maioria acha que a novidade irá resultar em aumento de impostos, o que, sabemos, para a população acarreta pre-

capítulo 4 Menos impostos e menos benefícios para os funcionários públicos

ços mais elevados dos produtos e serviços e maior dificuldade de gerar empregos. Não é de admirar, portanto, que as pesquisas publicadas em jornais mostrem que a aprovação do Congresso, dos partidos e dos políticos é muito ruim.

Equivoca-se quem acredita que o que a população pensa dos vereadores (políticos) é muito diferente do que pensa acerca dos funcionários públicos. É um equívoco achar que todos morrem de medo dos funcionários públicos. É fácil entender o porquê disso. Em primeiro lugar, a grande minoria da mão de obra brasileira é de funcionários públicos.

Gráfico 1

Perfil ocupacional da população adulta brasileira (julho de 2009)[1]

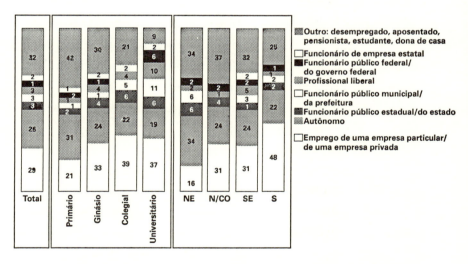

Há no Brasil somente em torno de 10% de funcionários públicos na população adulta. Desses, 3% são estaduais, 3% municipais, 2% federais e 1% de empresas estatais ou públicas. Note-se

O dedo na ferida: menos imposto, mais consumo

que se trata aqui de uma noção ampliada de funcionário público, posto que inclui empregados de estatais. A grande maioria dos brasileiros ou não trabalha, ou é autônomo ou é empregado de uma empresa particular.

Aproximadamente 32% da população adulta não trabalham por diversas razões, são aposentados, pensionistas, donas de casa, estudantes e desempregados. Dentre os que trabalham, 29% são empregados de empresas particulares e 26% são autônomos. Há ainda os profissionais liberais, que, em geral, são os autônomos com diploma superior e perfazem 3% de nossa população adulta.

Os funcionários públicos se concentram na classe mais alta, são majoritariamente os que têm grau superior completo. Isso não é surpresa se considerarmos que praticamente qualquer concurso para um cargo de servidor público exige, na inscrição, o diploma universitário. Assim, praticamente 25% dos que completaram a universidade são hoje funcionários públicos. Essa proporção cai bastante na medida em que diminui a escolaridade média. Na base da pirâmide social, junto aos mais pobres, somente 4% são funcionários públicos. Essa informação é suficiente para deduzir que a imagem dos funcionários públicos não tende a ser boa junto à sociedade: ser servidor público é algo para poucos, é algo elitista.

Vamos agora derrubar um mito. Há um argumento muito difundido em determinados círculos sociais de que mesmo aqueles que não são funcionários públicos desejam que esses sejam contemplados de maneira magnânima pelo governo, porque quando a vida dos servidores públicos melhora, isso resulta na melhoria de muita gente que não é servidor. Seria o efeito multiplicativo de uma economia muito dependente do setor público. Afirma esse argumento que nas áreas mais pobres do Brasil o comércio depende do dia de pagamento dos funcionários públicos.

capítulo 4 Menos impostos e menos benefícios para os funcionários públicos

Será que isso é realmente verdade? O que a população brasileira pensa sobre isso? Mais ainda, em qual situação econômica a população se percebe? De dependência do bem-estar dos servidores públicos? Ou não, e isso é um grande e persistente mito?

Gráfico 2

Um mito que cai, a população não se considera dependente do bem-estar dos funcionários públicos (julho de 2009)

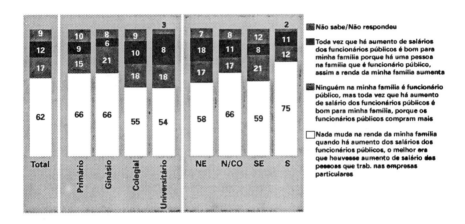

Para avaliar essa questão, solicitamos aos entrevistados que dissessem qual das três situações estava mais de acordo com a sua vida:

1) Toda vez que há aumento dos salários dos funcionários públicos é bom para a minha família, porque há uma pessoa na família que é funcionário público, assim a renda da minha família aumenta;

2) Ninguém na minha família é funcionário público, mas toda vez que há aumento dos salários dos funcionários públicos é bom para a minha família, porque os funcionários públicos compram mais e melhoram a economia da região onde moro, e assim a renda da minha família também aumenta;

3) Nada muda na renda da minha família quando há aumento dos salários dos funcionários públicos, o melhor mesmo seria que houvesse aumento de salário das pessoas que trabalham nas empresas particulares.

Denominaremos a situação 1 de dependência direta dos funcionários públicos; a 2 de dependência indireta; e a 3 de independência.

Em primeiro lugar, a proporção daqueles que dependem diretamente dos funcionários públicos é idêntica, na margem de erro estatística, à proporção dos funcionários públicos como parcela da população adulta brasileira: 12%. Com esse resultado pode-se afirmar que ou os dois resultados (gráficos 1 e 2) estão certos ou os dois estão errados. Um resultado valida o outro.[2]

Agora cai o mito: somente 17% da população adulta brasileira acham que depende indiretamente do bem-estar financeiro dos funcionários públicos. É uma proporção bem menor do que aquela que seria necessária para justificar a afirmativa de que quando os servidores ganham mais compram mais, e quando compram mais todos melhoram, inclusive os que não são servidores. É muito fácil fazer afirmações sem que haja dados. Sem fatos empíricos e resultados de pesquisas pode-se falar qualquer coisa. Com ou sem má intenção, uma afirmativa falsa se repetida inúmeras vezes pode assumir tinturas de veracidade. O que temos aqui é uma afirmativa falsa que nunca tinha sido submetida a um teste empírico.

capítulo 4 Menos impostos e menos benefícios para os funcionários públicos

Por fim, o que os brasileiros realmente acham é que é preciso aumentar os salários de quem trabalha nas empresas particulares. Eles acham que quando isso acontece a situação deles melhora. Nada menos do que 66% se dizem nessa situação. Estamos mais uma vez no terreno do óbvio. É óbvio e elementar que em uma economia na qual a maior parte dos empregos é gerada pelo setor privado as pessoas considerem que a melhoria de suas vidas dependa, direta ou indiretamente, dos rendimentos desse setor.

Um dos temas mais importantes das finanças públicas brasileiras diz respeito aos gastos com a aposentadoria dos servidores públicos. Pensando nisso, foram feitas várias perguntas para se avaliar o nível de apoio de nossa população ao aumento de seus salários e dos inativos do setor público. O primeiro passo foi perguntar se o salário dos funcionários públicos aposentados é alto e não precisa ser aumentado; é baixo e deveria ser aumentado; ou não é alto nem baixo. Há uma divisão ao meio da população: 39% consideram que o salário dos aposentados do setor público é alto e não deve ser aumentado e 37% acham que é baixo e deveria ser aumentado. Nem alto nem baixo foi a opção de 15%, ao passo que 10% não responderam à pergunta.

Quem tem o superior completo sabe defender seus interesses. Nessa faixa obteve-se a maior proporção dos que acham que o rendimento dos inativos do setor público é baixo e deveria ser aumentado: 45%. Justamente aí é que se encontra a maioria dos funcionários públicos. Outro dado que merece destaque é o fato de os habitantes da Região Sul serem, de longe, aqueles que mais acham que esses rendimentos são altos e não deveriam ser aumentados: 63% pensam dessa forma. O resultado oposto se encontra no Nordeste, onde 48% acham que tais rendimentos são baixos e deveriam ser aumentados.

O dedo na ferida: menos imposto, mais consumo

Gráfico 3
**Você considera que o salário dos funcionários públicos aposentados é:
(outubro de 2009)**

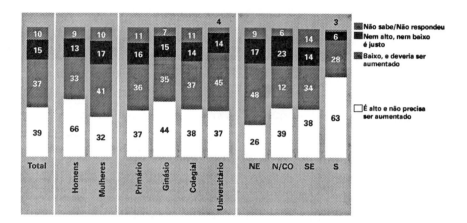

Os resultados são igualmente surpreendentes quando se deixa o provincianismo não comparativo e se faz a comparação entre o setor público e o privado.

capítulo 4 Menos impostos e menos benefícios para os funcionários públicos

Gráfico 4

Comparação entre os salários dos aposentados do setor público com os do setor privado (outubro de 2009)

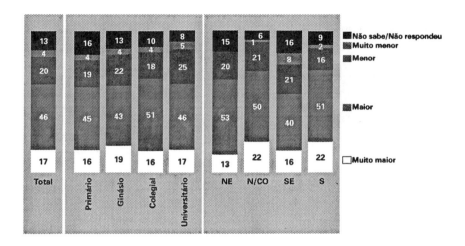

A maior parte da população – nada menos do que 63% – considera que os rendimentos dos inativos do setor público são maiores do que os do privado. Desses, 17% dizem que os rendimentos são muito maiores e 46% simplesmente maiores. Somente 4% afirmam que os rendimentos são muito menores e 20% somente menores. Não há diferenças dignas de registro entre as classes sociais, mas há diferenças regionais.

As regiões Sul, Norte e Centro-Oeste são as que mais acham que os inativos do setor público ganham mais do que os do privado. No Sul essa proporção atinge 73% e no Norte e Centro-Oeste um número estatisticamente idêntico, 72%. É no Sudeste que se encontra a menor proporção, ainda que extremamente elevada e majoritária,

121

dos que acham que os aposentados públicos ganham mais do que os aposentados privados: 56%.

Gráfico 5
Trade-off entre aumento de impostos e aumento dos rendimentos dos inativos do setor público
(outubro de 2009)

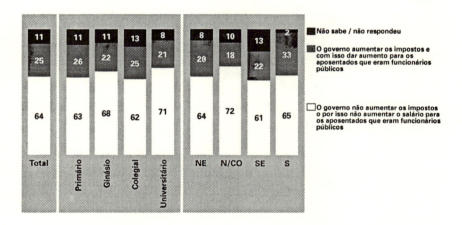

É muito grande a fatia de nossa população que se opõe ao aumento de impostos com a finalidade de aumentar os rendimentos dos servidores públicos aposentados. Foi solicitado que os entrevistados escolhessem apenas uma de duas afirmações. Nada menos do que 64% acham que o melhor é que o governo não aumente os impostos e por isso não aumente o salário dos funcionários públicos aposentados. Por outro lado, somente 25% apoiam a decisão oposta: aumento de impostos com a finalidade de aumentar os rendimentos dos inativos.

O menor apoio ao aumento de impostos com esse objetivo é junto a quem tem o superior completo e nas regiões Norte e Centro-

capítulo 4 Menos impostos e menos benefícios para os funcionários públicos

Oeste. Deve ser lembrado que era também junto ao grau superior a maior proporção daqueles que diziam que esses mesmos rendimentos eram baixos e deveriam ser aumentados. Há contradição entre as duas respostas? Como elas devem ser interpretadas? É simples: é evidente que qualquer um quer aumento salarial, ainda mais quem tem bastante clareza de seus interesses. A maioria dos funcionários públicos é de pessoas com grau superior. Eles advogam em causa própria, acham baixos seus rendimentos como inativos e querem aumento. Todavia, quando lhes é recordado que o preço que têm de pagar por esse aumento é a elevação dos impostos, então cai dramaticamente o desejo por salários mais elevados. A lição dessa história é muito simples, mas não é utilizada pela elite política brasileira: falar de impostos dá resultado. Falar de impostos é a maneira mais efetiva de obter apoio social contra o aumento de gastos e a favor de uma gestão eficiente.

É possível que algum leitor imagine que quando o governo trata mal os funcionários públicos e os inativos, por exemplo, não lhes concedendo aumentos regulares e acima da inflação, manda um sinal ruim para a sociedade. A população poderia imaginar que os funcionários públicos estão para o governo assim como os filhos estão para os pais. Se alguém trata mal seu filho, o que não dizer de pessoas que não têm relação de parentesco?[3] Esse argumento é falacioso e não encontra sustentação, nem no histórico de políticos que são eleitos e reeleitos independentemente de como lidam com os funcionários públicos (que é uma evidência empírica muito relevante) nem em testes que realizamos por meio de pesquisas qualitativas.

Nos grupos focais a população adulta é taxativa: os funcionários públicos não merecem tratamento especial simplesmente porque são funcionários públicos, não devem ser nem mais bem nem mais maltratados do que a população. Adicionalmente, há a crença de que o governo foi feito para cuidar da população, e não dos funcionários. Esses, ao contrário, devem estar a serviço do bom atendimento da população.

Agora passemos a algo tão óbvio quanto surpreendente. Testamos na pesquisa quantitativa um argumento muito frequente em qualquer roda social que, salvo melhor juízo, nunca foi colocado em uma pesquisa nacional de opinião. O brasileiro acha que dá para viver com o dinheiro da aposentadoria? Não, o brasileiro acha que não é possível viver com o dinheiro da aposentadoria.

Gráfico 6
O brasileiro nunca se aposenta (agosto de 2009)

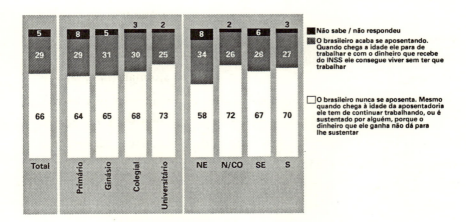

Pedimos para as pessoas dizerem com qual das duas frases elas mais concordavam:

— O brasileiro nunca se aposenta. Mesmo quando chega a idade da aposentadoria tem de continuar trabalhando ou é sus-

capítulo 4 Menos impostos e menos benefícios para os funcionários públicos

tentado por alguém, porque o dinheiro que ganha não dá para se sustentar

– O brasileiro acaba se aposentando. Quando chega a idade ele para de trabalhar e com o dinheiro que recebe do INSS consegue viver sem trabalhar.

É avassaladora a proporção da população adulta que acha que os brasileiros nunca se aposentam: 66%. Esse contingente é maior junto àqueles com escolaridade mais elevada e nas regiões Sul, Norte e Centro-Oeste. É interessante o resultado na Região Nordeste: a maioria (58%) acha que o brasileiro nunca se aposenta, porém é a menor proporção quando se comparam as classes sociais e a regiões. Também no Nordeste se encontra a maior fatia, relativamente, dos que acham que é possível viver com o dinheiro da aposentadoria do INSS: 34%. Esse resultado pode ter duas explicações possíveis e compatíveis. Os recursos necessários para se viver no Nordeste são menores, mesmo no critério de paridade de poder de compra, do que nas demais regiões; e a vida familiar no Nordeste é tão forte e intensa que as pessoas não se dão conta de que os aposentados só sobrevivem porque ficam na casa da família. No mundo social, quanto mais presente um valor é, menos se nota a sua presença. A presença da família é tão avassaladora que ela não é notada quando se trata de sustentar os aposentados do Nordeste.

Um tema recorrente do debate público diz respeito aos impostos que incidem sobre o trabalho. No Brasil é extremamente cara a contratação de mão de obra por meio da Consolidação das Leis do Trabalho (CLT), mais conhecida como "carteira assinada". Não é por acaso que uma fatia muito grande de nossa população adulta, tal como foi mostrado no gráfico 1 deste capítulo, é formada pelos assim chamados autônomos. Eles não têm carteira assinada, não têm os benefícios do 13º salário, do adicional de férias, das

125

O dedo na ferida: menos imposto, mais consumo

licenças de maternidade e paternidade, da aposentadoria pelo INSS e do tempo de serviço para se aposentar. Para que ocorra uma expressiva redução nos impostos que incidem sobre o trabalho seria preciso mexer na aposentadoria, reduzindo o valor pago e aumentando o tempo de contribuição e, portanto, a idade mínima para se aposentar.

Há aqui uma decisão pelo mal menor, a chamada *escolha trágica*: o que é melhor, que menos pessoas sejam contratadas com carteira assinada e que somente elas tenham direito à aposentadoria, mas que essa aposentadoria ocorra mais cedo e o benefício/rendimento pago seja mais elevado OU que mais pessoas sejam contratadas com carteira assinada, mas que a aposentadoria seja mais tarde e o valor pago seja menor? Fizemos uma pergunta para abordar esse *trade-off*.

Gráfico 7

***Trade-off* entre menos impostos na folha salarial e mais empregos com carteira assinada, porém com aposentadoria mais tarde e rendimentos de inativo mais baixos (agosto de 2009)**

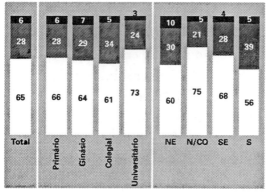

capítulo 4 Menos impostos e menos benefícios para os funcionários públicos

Não podemos perder de vista uma coisa muito importante: 66% de nossa população acham que o brasileiro nunca se aposenta. Nesse cenário, é possível entender o resultado do *trade-off*: Solicitamos aos entrevistados que escolhessem somente uma dentre duas opções:

— Reduzir os impostos para as empresas que contratam com carteira assinada, assim seria possível gerar mais empregos. A desvantagem disso é que a aposentadoria seria mais tarde e o valor seria menor

— Manter como estão os impostos para as empresas que contratam com carteira assinada, assim não seria necessário mudar a idade da aposentadoria. A desvantagem disso é que menos empregos são gerados e fica caro contratar com carteira assinada.

Nada menos do que 65% da população adulta preferem menos impostos, mais empregos com carteira assinada e aposentadoria mais tarde e com um valor mais baixo. Somente 29% ficam com a escolha oposta: impostos iguais, maior dificuldade de se contratar com carteira assinada e aposentadoria mais tarde.

Esse resultado pode ser explicado por dois componentes. O primeiro, já mencionado acima, é a percepção de que o brasileiro tem de trabalhar até morrer. A opção a isso é ser sustentado pela família. O segundo componente é o peso da geração de empregos e, em particular, do emprego com carteira assinada. A diminuição de impostos está associada, na cabeça do brasileiro, a mais e melhores empregos. Sendo assim, é possível trocar o presente pelo futuro. O valor de um bom emprego no presente é maior do que o de uma boa aposentadoria no futuro. Ainda mais quando está associado a uma maior probabilidade de que o presente seja melhor do que o futuro. De fato, a redução de impostos, na percepção da população, resultaria na geração imediata de empregos de carteira assinada, configurando-se, assim,

127

O dedo na ferida: menos imposto, mais consumo

um benefício quase certo. A não redução de impostos leva a uma aposentaria mais cedo e com um rendimento maior. Porém, é grande a incerteza quanto a isso, ademais quando estão disponíveis menos empregos com carteira assinada.

A grande maioria da população lida diariamente com três serviços públicos, para ela, de suma importância: saúde, educação e segurança pública. Esses três serviços demandam muitos gastos e, consequentemente, uma grande fatia dos recursos públicos arrecadados por meio de impostos. Sem médicos a saúde não funciona e sem professores as crianças não têm como estudar. Por outro lado, sabe-se por meio dos dados já apresentados neste livro que os impostos são malvistos: limitam o consumo ao tornar tudo mais caro e adicionalmente dificultam a geração de empregos. Agora, acrescentaremos mais um ingrediente a esse caldo: a má avaliação, por exemplo, dos serviços públicos de saúde e de educação (capítulo 3, tabelas 1 e 2). O que é possível deduzir de tal combinação? O que a população tende a preferir? Mais impostos e que tenha acesso aos serviços públicos de saúde e de educação com seus respectivos médicos e professores? Ou menos impostos e que tenha que pagar do próprio bolso por ambos os serviços?

Com relação a essa questão, a pergunta foi formulada da seguinte forma:

O que você prefere:

— O governo cobra mais impostos, a renda da sua família fica a mesma e seus filhos estudam em uma escola pública.

— O governo cobra menos impostos, a renda da sua família aumenta R$ 100 e com esse dinheiro seus filhos passam a estudar em uma escola particular.

capítulo 4 Menos impostos e menos benefícios para os funcionários públicos

Gráfico 8

É melhor menos impostos, mais dinheiro no bolso e a chance de que os filhos estudem em uma escola particular (julho de 2009)

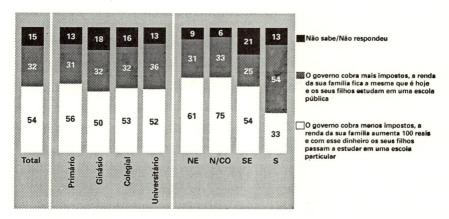

"Menos impostos" é preferido por 54% da população, enquanto mais impostos é o desejo de 32% dos brasileiros adultos. Vale notar que o *trade-off* aqui considera o atual estado da educação e da saúde pública (Gráfico 9). Isso quer dizer que não existe a opção de resposta: "mais impostos e um serviço público de elevada qualidade". É justamente no contexto de impostos elevados e serviços públicos pessimamente avaliados que surge a possibilidade de a população apoiar a saída de pagar menos impostos e ter os serviços básicos ofertados privadamente.

Outra ressalva importante é que se trata de um exercício. Foi testada uma concepção inspirada em Robert Nozick:[4] as pessoas não têm a chance de escolher entre pagar impostos e serem obrigadas a utilizar os serviços públicos ou não pagar impostos e dessa forma ficarem obrigadas e utilizar os serviços particulares. O que as pessoas fariam se tivessem essa opção? É muito provável que a resposta de-

O dedo na ferida: menos imposto, mais consumo

penda do contexto. Na atual situação do Brasil, o preferido é o imposto baixo, com mais dinheiro no bolso, de forma que seja possível pagar privadamente pelo serviço.

São desprezíveis as diferenças entre classes sociais no que tange ao pagamento da educação particular desde que haja menos impostos. Pode-se afirmar que todas as classes são igualmente favoráveis a menos impostos e mais oferta de serviços particulares de educação. Não se pode, todavia, afirmar o mesmo sobre as regiões. Destacam-se dois resultados: a elevada proporção de pessoas que não responderam no Sudeste e o grande apoio da Região Sul a mais impostos e utilização do serviço público de educação. Qualquer que seja a explicação para tais resultados, ela estará em algum fenômeno regional, que não depende da escolaridade ou do nível de renda, e que foge à capacidade de explicação das pesquisas realizadas para este livro.

A mesma pergunta feita para os serviços de educação foi feita para a saúde:

O que você prefere:

— O governo cobra mais impostos, a renda da sua família fica a mesma e você utiliza os serviços de saúde do governo.

— O governo cobra menos impostos, a renda da sua família aumenta R$ 100 e com esse dinheiro você paga um plano de saúde particular

Para a saúde os resultados e o padrão de variação (ou não variação) entre classe social e regiões são idênticos aos encontrados para a educação. Merece registro o fato de na educação 54% preferirem menos impostos e serviços particulares, ao passo que na saúde essa proporção é de 58%. Por um lado, a diferença pode ser desprezada por causa da margem de erro estatística da pesquisa (três pontos percentuais para cima e para baixo).

capítulo 4 Menos impostos e menos benefícios para os funcionários públicos

Gráfico 9
É melhor menos impostos, mais dinheiro no bolso e a chance de ter acesso ao serviço de saúde particular (julho de 2009)

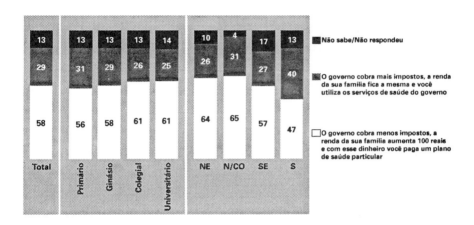

Todavia, se adicionarmos a informação de que a saúde no Brasil tem uma avaliação muito pior do que a educação, é possível supor que essa diferença, apesar de pequena, indique uma tendência de um desejo maior de "escapar" da saúde pública do que da educação pública. Escapar é o verbo. De fato, dado que o sistema de saúde é muito precário na percepção da população, ela realmente gostaria de não ser "obrigada" a recorrer a ele. Ela é obrigada a isso porque não tem renda disponível para pagar por um plano de saúde e também porque sabe que um plano de saúde é um compromisso de longo prazo. Assim, ainda que seja possível arcar com ele por um determinado período, uma parcela significativa da população sente-se insegura quanto a sua capacidade de pagar por esse serviço para todo o sempre. A insegurança deriva tanto da renda baixa quanto da falta de dinamismo da economia

O dedo na ferida: menos imposto, mais consumo

com a qual essas pessoas têm contato direto. O resultado disso é que a insegurança quanto ao emprego de longo prazo e com rendimentos que permitam a disponibilidade financeira suficiente para efetuar tal gasto é o fator determinante para a não contratação de um plano de saúde particular.

Mais obviedades que ululam (ou mugem): as vacas sagradas da não redução de impostos

A vaca é sagrada na Índia. Cada país tem sua religião dominante e cada crença, principalmente em um país de grande fervor religioso, é capaz de fazer, por meio de prescrições, com que as pessoas se comportem de uma determinada maneira. É por isso que na Índia vacas (e bois) não fazem parte do cardápio de quase a totalidade da população. A sacralidade dos animais pode servir de metáfora para a sacralidade de alguns gastos públicos que resistem até ao argumento e à promessa da redução de impostos. Isso mesmo: há no Brasil alguns benefícios cujo peso simbólico é tão forte que mesmo com a compensação de redução de impostos a grande maioria da população brasileira não aceita reduzi-los ou perdê-los. São eles: licença-maternidade, 13º salário e adicional de férias.

As perguntas relativas a esses temas tiveram a seguinte formulação:

Eu vou ler duas opções e gostaria que você dissesse o que prefere:

Ter direito ao adicional de férias de 33% e ter de pagar mais imposto por isso

Não ter adicional de férias com a compensação de pagar menos impostos

capítulo 4 Menos impostos e menos benefícios para os funcionários públicos

Ter direito a licença-maternidade e licença-paternidade e ter de pagar mais imposto por isso

Não ter licença-paternidade nem maternidade com a compensação de pagar menos impostos

Receber o 13º salário e ter de pagar mais imposto por isso

Não receber o 13º salário com a compensação de pagar menos impostos

Todos os resultados indicaram a preferência por mais impostos juntamente com o respectivo direito trabalhista. No caso das licenças maternidade e paternidade, somente 25% disseram preferir pagar menos imposto e não ter direito a elas. O resultado para o 13º é idêntico: apenas 23% aceitariam o fim desse direito em troca de pagar menos impostos. O maior percentual daqueles que preferem menos impostos ocorreu com o adicional de férias: 33% acham que ele poderia não existir em troca de impostos mais baixos. Na realidade, de dois terços a três quartos da população preferem pagar mais impostos e ter os direitos trabalhistas do que o oposto.

Há várias razões para isso. Os direitos trabalhistas são bastante antigos no Brasil. Ainda que uma parcela grande de nossa mão de obra não tenha acesso a eles, há sempre a esperança de um dia ser possível ter um emprego com carteira assinada. O emprego é algo precário para a maioria da população, com um rendimento baixo e sempre aquém das necessidades essenciais de consumo. Assim, direitos trabalhistas como o 13º e o adicional de férias são um complemento do salário. Isso confere um enorme peso simbólico a tais benefícios. A licença maternidade/paternidade lida com um sentimento caro aos brasileiros: o pertencimento à família. Como família, maternidade e paternidade são extremamente importantes, vale a pena pagar por isso, em particular no momento do nascimento de

133

O dedo na ferida: menos imposto, mais consumo

uma vida, justamente o evento que torna o marido um pai e que torna a mulher uma mãe.

No que se refere à renda e a como auferi-la, a grande maioria da população vive em uma situação de enorme precariedade e instabilidade. A principal implicação disso, do ponto de vista do desejo de mudança, mudar para menos impostos, é que as pessoas na base da pirâmide social tendem a ser muito mais conservadoras do que quem está mais para o topo. Para quem é vulnerável não se aplica o raciocínio de que as mudanças são, na maioria das vezes, para melhor. Aliás, em meios sociais mais escolarizados toda vez que se fala em mudança se diz progresso. A mudança é praticamente sinônimo de melhoria, de avanço, de caminhar para a frente. Para os mais vulneráveis, a mudança pode ser para pior, como provavelmente já aconteceu em vários momentos de suas vidas. Para eles, mudar é algo aceito, desde que seja para melhor. É preciso haver segurança de que uma mudança, quando efetivada, será para melhor.

Isso tem uma implicação prática direta em suas vidas quando se fala em funcionários públicos. Para eles, indicam as nossas pesquisas qualitativas, não há problema em reduzir as vantagens e os privilégios dos servidores públicos, desde que isso não acarrete greves de médicos, professores e policiais. Dito de forma clara, a grande maioria dos brasileiros não se importa com o bem-estar dos servidores públicos, ela apenas se preocupa com que médicos, professores e policiais não deixem de trabalhar. Só eles são importantes. Ora, não deixa de ser algo também óbvio. O principal contato que a população tem com o setor público é nos postos de saúde, nas escolas e nas ruas. A vida é difícil e ruim com eles. Pior ainda sem eles. Daí a grande resistência às greves nessas três áreas.

A população pensa, em primeiríssimo lugar, em seu bem-estar pessoal, seguido do de sua família. Por isso, a extrema preocupação

capítulo 4 Menos impostos e menos benefícios para os funcionários públicos

com eventuais greves em tais setores. A vida difícil de não conseguir uma consulta médica torna-se pior ainda quando vai por terra a esperança de ser atendido daqui a um mês e isso se transforma em uma espera de três meses. Com quem os pais vão deixar as crianças para poder ir trabalhar quando as escolas fecham por conta das greves? Quando isso acontece, a vida, que era ruim, fica pior. E a violência nas periferias? Ela aumenta quando os policiais param por conta de reivindicação salarial. Mais um motivo para temer que a vida fique ainda mais difícil.

As pesquisas também avaliaram qual a visão da população em relação ao custo do aumento do salário mínimo como sendo um eventual aumento de impostos. Nesse caso, como veremos, a interpretação dos resultados dependerá do gosto do freguês. A pergunta foi formulada da seguinte maneira:

— Você é contra ou a favor do governo aumentar o valor do salário mínimo?

Declararam-se a favor nada menos do que 93%, enquanto 7% disseram que são contra. Em seguida perguntamos:

— Você continua a favor de o governo aumentar o valor do salário mínimo mesmo sabendo que para fazer isso será necessário aumentar os impostos?

Os que disseram que continuam a favor mesmo assim foram 56% e os que responderam que aí ficariam contra a medida foram 39%. Se fizermos os cálculos para a proporção final, teremos que 56% dos 93% são a favor do aumento do salário mínimo mesmo que isso resulte em aumento de impostos: o resultado final é 52%. Aqueles que mudam de opinião e passam a se opor ao aumento do salário mínimo quando sabem que isso implicará aumento de impostos são 39% de 93%, o que resulta em 36%. Somando-se esse valor aos 7% que já eram contra ao aumento do salário mínimo, temos o placar final

135

O dedo na ferida: menos imposto, mais consumo

favorável ao aumento do salário mínimo de 52% a 43%. Perguntamos: isso é muito ou pouco? Por isso que o resultado final serve para qualquer visão de mundo.

Os que não se opõem a aumento de impostos vão afirmar corretamente que o resultado de 52% revela o apoio da maioria da população. Os que são contrários ao aumento de impostos vão dizer que 43% contra o aumento do salário mínimo, considerando-se a sua força simbólica, mostram uma forte preferência pela redução de impostos. Há razão dos dois lados. Porém, diríamos que o resultado é provavelmente surpreendente para a maioria dos leitores. Quem iria pensar que pouco mais de 43% de toda a população brasileira se oporia ao aumento do salário mínimo quando soubesse que isso resultaria em mais impostos?

A propósito, cumpre chamar atenção para um fenômeno de opinião pública importante quando se trata de avaliar o aumento do salário mínimo. Há um fenômeno testado ainda somente em pesquisas qualitativas que revela algum ceticismo da população a respeito da melhoria de sua vida por causa de aumentos anuais no salário mínimo. Há a crença bastante presente de que sempre que há aumento do salário mínimo todos os preços aumentam. Sendo assim, o aumento salarial é neutralizado pelo aumento de preços. É possível que essa crença tenha impacto sobre o desejo dos 43% de que o salário mínimo não seja aumentado por conta da elevação dos impostos.

capítulo 4 Menos impostos e menos benefícios para os funcionários públicos

Como defender menos impostos com um discurso que não seja feito apenas para os empresários, mas para toda a sociedade

Há no Brasil várias instituições e figuras públicas de destaque que têm se empenhado no combate à elevada carga tributária. Na Europa do século XVII o embate entre a burguesia ascendente e a Coroa foi suficiente para fazer ruir o "Estado renascentista". Os parlamentos dobraram o Executivo e o fizeram adotar políticas que desonerassem a carga que recaía sobre a sociedade. A democracia eleitoral é um fenômeno recente, que não havia no século XVII. Ela impede que o embate – repaginado, não mais, portanto, entre burgueses e Coroa, mas entre os empresários e os políticos – seja resolvido em favor dos empresários. São eles que querem menos impostos. Os políticos, por sua vez, com impostos iguais ou mais elevados têm a oportunidade de ter em suas mãos mais recursos. Eles querem controlar mais coisas, mais recursos.

Na democracia é preciso mobilizar o povo, a sociedade, a maioria da população para que os impostos sejam reduzidos ou não sejam aumentados. Sem isso estaremos diante somente de argumentos racionais de empresários defendendo o próprio interesse. Com a maioria da população defendendo menos impostos teremos pressão política real e efetiva. É com esse objetivo e baseado nos dados apresentados neste livro que passaremos agora para a sugestão de discurso público voltado para mobilizar a população a pressionar o sistema político para reduzir os impostos.

Antes de passar aos principais elementos do discurso, apresentaremos alguns pressupostos básicos que orientaram a formulação dessa sugestão:

O dedo na ferida: menos imposto, mais consumo

1) Não há líder político ou empresarial de peso, instituição ou pessoa, que fale para a população como um todo, que fale para as pessoas de baixa renda sobre os impostos. A grande maioria dos discursos não é "para baixo", é "para cima" ou "para o lado", para os empresários e políticos. Assim, a ênfase de tais discursos recai na produtividade, no aumento da competitividade internacional e questões correlatas. Todos temas corretos e relevantes quando se trata de criticar a carga tributária, mas politicamente sem efeito na pressão sobre o sistema para redução ou contenção do aumento de impostos;

2) O tema da redução de impostos já está presente em todo o eleitorado brasileiro. Ele já o aceita. Há muitos argumentos a favor da redução de impostos e poucos argumentos a favor do aumento. A redução de impostos está na cabeça do eleitor, do brasileiro. O termo técnico para esse fenômeno é que se trata de um tema latente. Isso quer dizer que quem se utilizar dos argumentos certos irá ter sucesso na mobilização popular.

O discurso "para baixo" precisa seguir duas linhas mestras conceituais:

1) Mostrar que a redução de impostos irá resultar na redução dos preços de produtos e serviços. Se isso ocorrer, a população poderá consumir mais;

2) Mostrar que a redução de impostos irá fazer a economia girar mais, com isso mais empregos formais serão gerados.

A população está pronta para se sensibilizar com os benefícios concretos e imediatos da redução de impostos: mais consumo e

capítulo 4 Menos impostos e menos benefícios para os funcionários públicos

mais empregos. Como o livro mostra, praticamente todos os argumentos contrários à redução de impostos são inócuos diante desses dois benefícios. As únicas coisas acerca das quais a população nutre receio são os direitos trabalhistas, mais especificamente o 13º salário, as licenças maternidade/paternidade e o adicional de férias. Assim, qualquer proposta de redução de impostos terá de necessariamente vir combinada com um compromisso real de manutenção e até de ampliação desses direitos. Cumpre ainda adicionar algumas salvaguardas contra a possibilidade de greves de médicos, professores e policiais.

O discurso de redução de impostos – calcado em mais consumo e mais empregos – tem vários aliados:

– Como os impostos são mais altos para os mais pobres, é preciso mudar isso para gerar mais igualdade e diminuir a pobreza;

– Como há desperdício e corrupção em Brasília, é possível reduzir os impostos e oferecer mais serviços. Para isso, basta combater ambos: corrupção e desperdício;

– Os funcionários públicos e seus aposentados ganham mais do que as pessoas do setor privado. Assim, se for para reduzir impostos, vale a pena não aumentar os salários nem contratar mais servidores;

– O brasileiro nunca se aposenta, tem de trabalhar até morrer. Portanto, se o imposto sobre a folha for reduzido, não tem problema. Mais gente irá trabalhar com carteira assinada e mais gente vai conseguir se aposentar, mesmo que seja mais tarde e recebendo um pouco menos;

– Os impostos sobre os bens e serviços de consumo mais desejados devem ser reduzidos. Se isso for feito, a grande maioria da população vai poder comprar mais coisas a preços mais baixos;

O dedo na ferida: menos imposto, mais consumo

– Os impostos sobre tudo que é vendido dentro dos supermercados deveriam ser reduzidos. Se isso for feito, o mesmo dinheiro das compras mensais ou semanais irá render mais. Assim, será possível comprar regularmente coisas que só são adquiridas de tempos em tempos. O bem-estar do povo irá melhorar muito;

– Com menos imposto as pessoas terão mais dinheiro no bolso para pagar um plano de saúde ou uma boa escola para seus filhos.

Há vários outros argumentos que podem ser utilizados em campanhas públicas e que são derivados dos dados apresentados neste livro. Dados econômicos, de finanças públicas, de opinião pública. É preciso um ou mais portadores para esse discurso. É preciso coragem, ousadia e renovação.

capítulo 5

A cabeça do
brasileiro e
a redução de
impostos

capítulo 5

*Os homens não são senão um feixe
ou uma coleção de diferentes
percepções, que se sucedem umas às
outras com uma rapidez inconcebível
e estão em perpétuo fluxo e
movimento*

DAVID HUME[1]

NO MEU LIVRO *A CABEÇA DO BRASILEIRO,* EU ME DEDICO nos capítulos sete e oito a demonstrar que o brasileiro médio é um grande defensor da presença do Estado e do governo na economia. O título do capítulo sete é "O brasileiro ama o Estado" e o do oito é "Mais Estado, menos mercado e viva a censura". A grande questão é como conciliar, se isso é possível, a conclusão verdadeira de que o brasileiro é estatizante com a igualmente verdadeira conclusão de que o brasileiro quer a redução de impostos. Pode-se questionar o instrumento de pesquisa afirmando-se que as evidências a favor do estatismo são mais numerosas do que a favor da redução de impostos. Nesse caso, as pesquisas que concluem acerca do apoio à redução de impostos estariam equivocadas e teriam sido realizadas com uma metodologia inadequada. Não acredito que a resposta esteja aí. Todas as

O dedo na ferida: menos imposto, mais consumo

pesquisas foram feitas corretamente, aliás, pesquisas feitas corretamente sobre os mesmos assuntos podem sempre levar a resultados um pouco diferentes. Não creio que haja problema com as metodologias das pesquisas e isso será demonstrado no decorrer deste capítulo.

Uma segunda linha de argumentação, bastante confortável, diga-se de passagem, para os efeitos da conciliação dessa aparente contradição é aceitar o ceticismo do grande filósofo do Iluminismo escocês David Hume e admitir que o ser humano é realmente um feixe de contradições. Abundam exemplos de comportamentos individuais e coletivos aparentemente contraditórios que, no caso do Brasil, poderiam ser mais acentuados por causa da baixa escolaridade média de nossa população. No que tange ao objeto deste livro, a baixa escolaridade poderia resultar na ausência de conexão entre impostos elevados e Estado grande e impostos baixos e Estado pequeno. Nesse caso, nosso povo seria a favor de um Estado grande porque não faz a conexão entre impostos elevados e esse mesmo Estado. Assim, ficaríamos com as pesquisas que resultaram neste livro e desprezaríamos o que foi provado em *A cabeça do brasileiro*. Também não será essa a nossa linha de argumentação. Ficará demonstrado neste capítulo que, por diversos motivos, é possível ser estatizante ao mesmo tempo em que se defende a redução de impostos. Vamos aos argumentos.

A validade das pesquisas (ou foi a primeira vez que se perguntou sistematicamente sobre o que a população pensa sobre os impostos e o resultado foi surpreendente)

A metodologia completa da pesquisa que resultou no livro *A cabeça do brasileiro* encontra-se disponível no Centro de Informações Sociais

capítulo 5 A cabeça do brasileiro e a redução de impostos

da USP (www.nadd.prp.usp.br/cis). As perguntas sobre impostos podem ser encontradas na página www.creunobolso.com.br. Digo isso porque qualquer um que utilizar as mesmas perguntas que utilizei irá encontrar resultados muito semelhantes. Repitam-se as pesquisas e chegaremos às mesmas conclusões e aos mesmos números (com pequenas variações). Essa é uma maneira de validar os resultados deste e daquele livro.

Outra validação possível é por meio de outras evidências empíricas. Há inúmeros trabalhos acadêmicos que demonstram a natureza estatizante de nossa herança cultural. Todos podem ser resumidos na seguinte afirmação: nosso DNA cultural português e ibérico nos fez amantes do Estado. Na dúvida, sempre iremos querer mais do que menos Estado.

Por outro lado, há somente dois trabalhos acadêmicos sobre impostos baseados em pesquisas de opinião. Nenhum deles teve a finalidade específica de medir em todo o Brasil o que a população pensa sobre os impostos e quais os *trade-offs* que ela estaria disposta a fazer para reduzi-los. Não houve um esforço sistemático de realizar um raio x do que a população brasileira pensa sobre os impostos.

Um destes trabalhos é limitado à cidade de Porto Alegre.[2] Trata-se de uma pesquisa de opinião realizada naquela cidade em 2003 na qual foram feitas algumas perguntas sobre impostos e outras que buscavam investigar as relações entre impostos e o orçamento participativo. De toda sorte, as perguntas que lidavam especificamente sobre impostos, tais como se o que é pago de impostos no Brasil é excessivo, adequado ou insuficiente, tenderam a apresentar resultados muito semelhantes aos que foram mostrados neste livro. Na média a população de Porto Alegre, de acordo com esta pesquisa, acha que os impostos são elevados e são mal utilizados pelo governo.

O dedo na ferida: menos imposto, mais consumo

O corolário disso, não explorado pelos autores, é que a população provavelmente gostaria de pagar menos impostos mesmo em situação de restrição orçamentária.

O outro trabalho é baseado em uma pesquisa nacional e resultou em um livro de 174 páginas que dedica oito delas para abordar a questão dos impostos.[3] Foram feitas apenas quatro perguntas sobre impostos: uma para avaliar se a população sabe que paga impostos, outra para medir se as pessoas acham se o que elas pagam de impostos está de acordo com o que recebem em troca em termos de serviços públicos, uma terceira para saber se o governo aplica bem o dinheiro dos impostos e uma última para saber se as pessoas querem pagar mais impostos para ter mais serviços nas áreas de saúde, educação, combate ao crime, redução da pobreza e obras públicas.

A conclusão dos autores é desconcertante: a grande maioria da população acha que não recebe em troca do governo de acordo com o que paga de impostos, acha que o governo aplica mal o dinheiro dos impostos, mas mesmo assim está disposta a pagar mais impostos para ter mais serviços públicos. Inacreditável. Trata-se de uma conclusão que merecia uma explicação dos autores que não consta do livro. É algo ilógico achar que os impostos são mal utilizados e mesmo assim querer pagar mais impostos. Vai contra a racionalidade econômica. Está-se afirmando que as pessoas querem que o governo tire mais dinheiro de seu bolso para jogar no lixo.

A formulação da pergunta de Souza e Lamounier acerca de aceitar pagar mais impostos para ter mais serviços não deixa para o entrevistado a chance de escolher entre pagar mais impostos ou utilizar melhor os recursos existentes. Foi isso que fizemos em nossas pesquisas e é justamente por isso que eles chegam a um resultado ilógico que requer uma explicação que são incapazes de dar.

capítulo 5 A cabeça do brasileiro e a redução de impostos

Portanto, este livro é a primeira contribuição para o entendimento amplo e sistemático sobre o que o Brasil pensa dos impostos. Temos do nosso lado a validação de nossas conclusões por meio das evidências empíricas anedóticas, algo como a grande mobilização das campanhas contra a MP 232 e a CMPF e o espetacular aumento da venda de automóveis e da linha branca quando o governo reduziu o IPI desses bens. Haveria também o raciocínio lógico a apoiar as conclusões deste livro: a nossa carga tributária sendo muito elevada, já há muitos anos, e sendo esse um assunto também há tempos corrente na mídia, seria praticamente impossível que não acabasse saindo dos círculos da elite e transbordando para a base da pirâmide social.

Espero que este livro seja apenas o primeiro de inúmeros outros trabalhos que virão acerca da percepção dos brasileiros sobre os impostos. Tenho certeza de que todos os estudos que venham a ser publicados obterão os mesmos resultados deste livro. Na realidade, a grande surpresa com tais resultados deve-se a um fato muito simples: nunca antes na história deste país foi-se em busca de maneira sistemática do que todos os brasileiros, inclusive os pobres, pensam sobre os impostos. Supunha-se que os brasileiros pobres não sabiam que pagavam impostos. Supunha-se que os brasileiros pobres não sabiam que os impostos tinham impacto negativo sobre o consumo e sobre o emprego. Supunha-se que os brasileiros pobres se consideravam extremamente dependentes da renda dos funcionários públicos. Nada disso foi comprovado por nossas pesquisas.

Pesquisas com metodologias diferentes (ou a impossibilidade de se compararem bananas com laranjas)

Há uma diferença importante entre as metodologias das pesquisas que resultaram nos dois livros. As perguntas do questionário de *A cabeça do brasileiro* foram feitas sem *trade-off*, isto é, sem a noção de que para cada benefício há um custo. Veja-se abaixo a redação de algumas dessas perguntas:

Agora vou falar várias coisas que o governo pode fazer com as empresas. Para cada frase que falar gostaria que o(a) Sr.(a) dissesse se concorda muito, concorda um pouco, discorda um pouco ou discorda muito.

a) O governo deve controlar o preço de todos os serviços básicos, como, por exemplo, o transporte.

b) O governo deve dizer tudo o que as empresas têm de fazer, como, por exemplo, quantos banheiros elas têm de ter.

c) Só as empresas, e nunca o governo, têm de treinar a mão de obra.

d) O governo deve socorrer as empresas em dificuldades.

e) O governo deve definir qual o valor dos salários de todos os funcionários de todas as empresas do Brasil.

f) Só as empresas, e nunca o governo, devem escolher onde construir uma fábrica.

g) O governo deve controlar os preços de todos os produtos vendidos no Brasil.

As respostas a tais questões foram francamente estatizantes, uma grande maioria defendeu a intervenção do governo na economia. Caso tivéssemos adotado o *trade-off* nessas perguntas, a formulação do item "d" ficaria assim:

capítulo 5 A cabeça do brasileiro e a redução de impostos

O governo deve socorrer as empresas em dificuldades, mesmo que para isso seja preciso aumentar os impostos que você paga.

Note-se que, como foi possível ver no decorrer dos capítulos, nas pesquisas que serviram de base para a preparação deste livro utilizamos com frequência os *trade-offs* na elaboração das perguntas. Caso o leitor se questione se há uma metodologia mais ou menos correta, a resposta é negativa. São métodos diferentes para problemas diferentes. Em um método se mensura a adesão da população à ideologia liberal, qual o nível de liberalismo econômico das pessoas, e no outro se mensura a disposição das pessoas de fazerem trocas, é uma metodologia para se medir a *escolha trágica*, o que as pessoas consideram o menor mal.

Assim, o mais adequado é a comparação de resultados de pesquisas para as quais o método de fazer a pergunta é o mesmo. Uma modalidade desse procedimento é a comparação do Brasil com ele mesmo no tempo, aplicando-se a mesma pergunta tanto em 2002 quanto depois de aproximadamente 20 anos, em 2022 ou 2025. A minha aposta é que a população ficará mais liberal e menos estatizante. Há também a possibilidade de se comparar países diferentes no mesmo período. Nesse caso, notar-se-á que em perguntas sem *trade-offs* os americanos são mais liberais do que os europeus.

A conciliação entre a convicção e o pragmatismo (ou um tema geral *versus* um tema cortado em fatias)

Os dois métodos diferentes de se fazer perguntas sobre o mesmo tema nos levam ao que considero ser a forma mais pertinente de se

O dedo na ferida: menos imposto, mais consumo

compreender a aparente contradição entre o presente livro e *A cabeça do brasileiro*. De fato, o brasileiro médio é estatizante e antiliberal. Isso se deve, sem dúvida, a nossa matriz cultural ibérica. Trata-se de uma convicção, de um princípio geral que rege a nossa visão de mundo. A polêmica gerada por *A cabeça do brasileiro* na época do lançamento se deveu ao fato de termos mapeado a situação majoritariamente conservadora de nossa população em termos ideológicos. Ideologia, visão de mundo e convicções podem ser tomadas como sinônimos. E quanto a isso o brasileiro ama o Estado, é estatizante e antiliberal. Devemos tomar isso como algo que se aplica ao terreno das convicções.

Nas pesquisas sobre impostos não lidamos com a ideologia, mas com o pragmatismo. Não tratamos da visão de mundo ou das convicções, mas sim do bolso. O brasileiro sabe que há impostos, considera-os elevados e avalia que se fossem menores tanto haveria mais empregos quanto ele poderia comprar mais. Isso não tem a ver com a ideologia, mas sim com uma cadeia de causa e consequência. Impostos elevados causam menos empregos. Impostos elevados causam menos consumo. Como seria melhor mais emprego e um poder de compra maior, então se deseja que os impostos sejam reduzidos, mesmo que para isso haja restrições em programas sociais e nos salários e nas aposentadorias dos funcionários públicos.

Um dado passou despercebido pela cobertura que a mídia fez de *A cabeça do brasileiro*. No mesmo capítulo em que demonstro a ideologia antiliberal do brasileiro, é também mostrado que as instituições privadas têm uma avaliação muito superior à das públicas. Assim, os melhores desempenhos são conferidos às pequenas e médias empresas, imprensa e grandes empresas; ao passo que os piores desempenhos foram creditados ao Congresso (justamen-

capítulo 5 A cabeça do brasileiro e a redução de impostos

te quem aprova os impostos), partidos políticos e Justiça. Não se trata de esquizofrenia, algo do tipo: quero mais Estado, porém prefiro as instituições privadas. É comum que o Estado seja o refúgio de uma situação econômica muito precária. Ele é ruim, mas não preciso pagar pelos seus serviços. Como a situação econômica do brasileiro médio é de muita insegurança, ele não se sente seguro, por exemplo, para pagar mensalmente por um plano de saúde; afinal, pode perder o emprego a qualquer momento; assim, é preferível recorrer aos serviços estatais, mesmo que incrivelmente ruins. Em suma, é preferível ter certeza de acesso (já que não se paga diretamente por ele) a um péssimo serviço de saúde pública do que correr o risco de não ter acesso a um bom ou ótimo serviço de saúde particular. A certeza de algo ruim é melhor do que a incerteza de algo bom. É por isso que o brasileiro ama o Estado ao mesmo tempo em que reconhece a maior eficiência do setor privado.

A questão de ser ou não liberal é uma questão geral, é um grande tema. Você é contra ou a favor das privatizações? Trata-se de uma pergunta muito geral que mede a ideologia liberal de uma pessoa. Fazê-la dessa forma é bem diferente do que cortar em fatias a mesma pergunta, por exemplo, se você é contra a privatização das companhias telefônicas caso isso resulte em ter acesso a telefone fixo e celular mais baratos. Nessa segunda forma de perguntar não se trata de um tema geral, mas de uma fatia desse tema, fatia essa que diz respeito ao bem-estar imediato das pessoas. Por isso posso ser contra as privatizações, mas apoiar a privatização específica de companhias de telefonia. O que era uma aparente contradição torna-se algo inteiramente conciliável.

Um exemplo concreto desse fenômeno ocorreu durante o governo Fernando Henrique Cardoso. Durante os quatro primeiros anos

151

O dedo na ferida: menos imposto, mais consumo

desse governo o brasileiro era provavelmente bem mais estatizante do que é hoje. Por outro lado, Fernando Henrique privatizou diversas empresas de vários segmentos da economia. Ainda assim foi maciçamente aprovado durante o primeiro mandato e reeleito em 1998. O brasileiro antiliberal aprovou e reelegeu um governo francamente liberal. Da mesma maneira, o brasileiro antiliberal gostaria de pagar menos impostos. O pragmatismo é temporário e é utilizado para resolver um problema específico. Ele não destrói as convicções formadas de longa data, convive com elas. O pragmatismo de aprovar e reeleger um governo liberal resolveu o problema da inflação e contribuiu para aumentar o poder de consumo. Isso não impede de cultivar e dar longevidade à ideologia antiliberal. Os impostos são muito elevados. O pragmatismo necessário para apoiar a sua redução existe e convive com o desejo de que a Petrobras e o Banco do Brasil permaneçam estatais.

Ainda no mesmo terreno, mas agora tratando de uma derrota, há o mito de que Geraldo Alckmin perdeu para Lula no segundo turno de 2006 por causa do tema das privatizações. Para quem não se recorda, na rodada eleitoral final Lula atacou Alckmin e o PSDB sob o argumento de que pretendiam privatizar todo o patrimônio do povo, tudo que restava de estatal no Brasil. Alckmin se defendeu afirmando que isso não era verdadeiro. Ele chegou a se vestir com roupas e usar bonés de empresas estatais para negar na 25ª hora aquilo que tinha defendido na trajetória política recente e aquilo que seu partido fizera por durante oito anos consecutivos. Alckmin não foi derrotado por causa disso. Foi derrotado porque o eleitorado estava muito satisfeito com o governo Lula, com o bolsa-família, com o aumento de renda e do crédito pessoal e com a ampliação do consumo. Como diz o ditado, não se mexe em time que está ganhando.

capítulo 5 A cabeça do brasileiro e a redução de impostos

No fim do primeiro turno Alckmin se aproximou de Lula nas pesquisas por conta do falso dossiê de ataque aos tucanos paulistas, o que ficou conhecido como o caso dos aloprados. O efeito de mídia desse episódio feriu temporariamente a campanha de Lula, aproximando-o de Alckmin. Esse efeito teria sido maior se não tivesse ocorrido na mesma época o acidente aéreo da Gol. Passado o efeito de mídia, Lula voltou a subir e se distanciar de Alckmin. Esse distanciamento não aconteceu porque Alckmin não defendeu as privatizações. Aliás, se tivesse feito isto, é o que sugerem este livro e os diferentes resultados que se obtêm para temas gerais e ideológicos *vis-à-vis* temas específicos e pragmáticos, Alckmin teria que ter utilizado uma linha de argumentação que cortasse em fatias o tema das privatizações. Isso é equivalente a mostrar que as privatizações resultaram em grandes benefícios para a população em áreas como telefonia, estradas, energia etc. Quanto mais específico, melhor. Creio que o pragmatismo teria derrotado, ao menos temporariamente e naquele episódio, as convicções.

A insegurança econômica *versus* o desejo de consumir mais (ou a origem europeia *versus* o desejo de ser americano)

Diz uma piada que o argentino é o italiano que fala espanhol e gostaria de ser inglês (há versões em que aparece o francês no lugar do inglês). Outra piada afirma que o brasileiro é o africano que fala português e gostaria de ser americano. Sérgio Buarque de Holanda mostrou em *Raízes do Brasil* uma grande diferença entre as colonizações espanhola e portuguesa nas Américas. Os

153

O dedo na ferida: menos imposto, mais consumo

espanhóis queriam formar no Novo Mundo uma nova Espanha. Todas as cidades seguiram o mesmo plano de construção: foram feitas em altiplanos, quadriculadas, com uma praça central que tinha dimensões fixas e preestabelecidas, tudo isso para facilitar o controle militar da população. O colonizador espanhol desejava transplantar a Espanha para o solo sul-americano. O colonizador português agiu de forma inteiramente oposta. Ele não queria um novo Portugal naquilo que veio a se constituir no Brasil. O português deixou os nativos e seus descendentes almejarem ser o que bem quisessem.

A América do Sul espanhola olha permanentemente para a Espanha. Vejam-se os fluxos migratórios, os investimentos estrangeiros, o tráfego aéreo e toda sorte de evidência de que o colonizador espanhol atingiu seus objetivos. Até hoje a Espanha é a principal referência para Argentina, Chile, Peru e Colômbia, dentre outros (o México é diferente por causa da proximidade com os Estados Unidos). A Espanha está para esses países como os Estados Unidos estão para o Brasil. Ou seja, o colonizador português nos deixou livres para sermos quem nós bem desejássemos. A piada está bastante correta em seu lado aspiratório. O brasileiro gostaria de ser americano e isso fica evidente, dentre outras coisas, pelo tráfego aéreo que liga São Paulo e Rio a Miami.

Nós, brasileiros, adoramos consumir. Mudamos de cidades e estados para melhorar de vida. Queremos oportunidades de emprego. É bem verdade que, dentro de nossa tradição cultural, trabalhar demais nunca é bom, mas é necessário para quem quer melhorar de vida. As pesquisas qualitativas do Instituto Análise mostram que um grande limitador, para além da renda, da realização do desejo de consumo do brasileiro é a insegurança financeira. Há uma percepção bastante comum de que se pode perder

154

capítulo 5 **A cabeça do brasileiro e a redução de impostos**

o emprego a qualquer momento. Mais do que isso, que estar empregado não significa necessariamente melhorar de vida. Como no futebol e diferentemente do basquete e do beisebol, as oportunidades na vida são poucas. O dinamismo da economia brasileira é muito restrito a alguns segmentos econômicos e áreas. A noção mais geral de nosso consumidor médio é que é muito difícil e penoso melhorar de vida. Nesse sentido, um grande limitador da disposição dos brasileiros de contratar serviços que exigem pagamentos mensais contínuos é essa insegurança financeira. Não basta um plano de saúde acessível ao bolso. Há o sentimento de que ele poderá ser pago, sim, por algum tempo, mas e se o emprego for perdido? Opa, sendo assim é melhor não contratá-lo e se conformar com a saúde pública.

A busca por mais segurança nos remete a nossa origem ibérica. Uma economia pouco dinâmica, e que por isso não me dá a segurança de obter um novo emprego tão logo perca o antigo, me faz sonhar com um posto de servidor público. O excesso de insegurança financeira me faz buscar a estabilidade do setor público. Diz-se, também por meio de uma piada, que o europeu nasce aposentado. Esse fenômeno está relacionado com a prioridade conferida à busca por segurança.

O que acontece, porém, quando essa mesma sociedade se depara com a possibilidade de consumir? Tornou-se um desejo universal: comprar sempre e cada vez mais. O Brasil é muito desigual. Poucos consomem muito e os muitos que consomem pouco gostariam de ter as mesmas coisas: carros zero, computadores, geladeiras, móveis, reformar a casa etc.

O dedo na ferida: menos imposto, mais consumo

Redução de impostos e consumo: o caso do IPI

Na crise financeira de 2008/2009 o governo brasileiro fez – ou se utilizou de – um grande achado: reduzir o IPI (Imposto sobre Produtos Industrializados) para aumentar o consumo. A lei da oferta e da procura é férrea: quanto menor o preço, maior é a quantidade demandada. A redução da Cofins (Contribuição para o Financiamento da Seguridade Social) das motos de 3% para zero, do IPI de vários produtos da linha branca, de automóveis, material de construção e, mais tardiamente, de móveis resultou no aumento de demanda e acabou por se tornar uma medida importante para que o Brasil contornasse sem grande sobressalto o pior momento da crise.

Pesquisamos em abril de 2009 quais eram os desejos de consumo das diferentes classes sociais. O resultado apresentado no gráfico 1 pode ser sintetizado assim:[4]

– Classes A e B: automóvel, casa/apartamento, reforma da casa e TV de LCD;

– Classe C: automóvel, casa/apartamento, reforma da casa e móveis para sala/quarto/cozinha;

– Classes D e E: reforma da casa, móveis para sala/quarto/cozinha e geladeira.

Gráfico 1

Desejos de consumo das diferentes classes sociais – abril de 2009

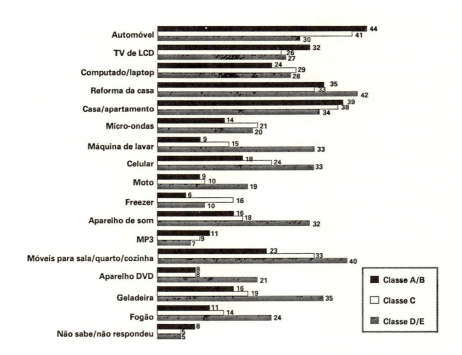

Pode ser coincidência ou não o fato de o governo ter reduzido os impostos justamente do que era mais desejado pela população. O fato é que a elevada carga tributária torna o cidadão refém da tutela governamental. Foi descoberta a pólvora: toda vez que houver risco de a população ficar insatisfeita com a perda da capacidade de compra, reduzam-se os impostos. Passada a ameaça, aumentem-se novamente os impostos para os patamares originais, até que uma nova ameaça paire sobre o consumo da população.

O dedo na ferida: menos imposto, mais consumo

Trata-se de um mecanismo muito perverso. As medidas do governo de redução de impostos agradavam a todas as classes por conta do barateamento do material de construção (todas queriam comprar ou reformar a casa/apartamento). A redução dos preços dos automóveis veio ao encontro dos sonhos de consumo das classes A, B e C. A redução do IPI dos móveis contentou as classes C, D e E. Por fim, as classes D e E ficaram bastante satisfeitas com a redução dos preços das geladeiras.

Cabe aqui uma validação de nossos resultados por meio de uma medida governamental. Na política ninguém é ingênuo, o governo reduziu os impostos porque sabia que isso acabaria agradando a população, que poderia comprar mais por causa da redução de preços. O governo teve o cuidado de agradar a gregos e troianos, a ricos e pobres, passando pela classe C. Esse resultado é inteiramente conciliável com os resultados obtidos e apresentados em *A cabeça do brasileiro*.

David Hume entra pela porta dos fundos

Ainda assim há uma conciliação possível entre querer menos impostos e ser estatizante. Como vimos no capítulo 3, a população acha que o governo pode continuar oferecendo todos os serviços que atualmente presta mesmo com a redução de impostos. Esse raciocínio é justificado por dois motivos: com a redução de impostos a arrecadação aumentará em virtude de a economia crescer mais ("girar mais", na linguagem da população) e também por meio da redução de desperdícios e da corrupção. Na cabeça do brasileiro é possível, portanto, conciliar uma medida liberal – redução de impostos – com consequências antiliberais – um

capítulo 5 A cabeça do brasileiro e a redução de impostos

aparelho estatal igual ou maior do que temos hoje. Menos impostos resultarão em mais governo, ou pelo menos não causarão
a diminuição do Estado. Nesse caso, a frase de David Hume está
mais do que certa em seu significado maior: o ser humano é um
feixe de contradições.

capítulo 6

A exploração dos pobres pelos impostos e pelo governo

capítulo 6

Impostos não apenas ajudaram a criar o Estado. Ajudaram a formá-lo. O sistema de tributos foi o organismo de desenvolvimento que entalhou outros órgãos. Com os boletos dos tributos em mãos, o Estado penetrou nas economias privadas e ganhou um crescente domínio sobre elas. O tributo traz dinheiro e o espírito de cálculo aos cantos em que eles ainda não habitam e assim se torna um fator de formação no próprio organismo que a criou. O tipo e nível dos tributos são determinados pela estrutura social, mas uma vez que elas existam, se tornam uma muleta na qual os poderes sociais podem apoiar-se para alterar a estrutura.

JOSEPH SCHUMPETER

A FRASE DE JOSEPH SCHUMPETER, O RENOMADO PEN-sador liberal da "destruição criativa" do capitalismo, que serve de epígrafe para este capítulo tem uma passagem que julgo crucial:

O tipo e nível dos tributos são determinados pela estrutura social, mas uma vez que elas existam, se tornam uma muleta na qual os poderes sociais podem apoiar-se para alterar a estrutura.

O dedo na ferida: menos imposto, mais consumo

Isso é o que a afirmação de Schumpeter tem de mais original. É preciso refletir sobre o que significa os impostos serem determinados pela estrutura social do Brasil. É fundamental ter em mente como são nossa estrutura social e seus principais traços, que têm impacto sobre a organização de nossa tributação. Nesse sentido, a nossa jabuticaba fiscal, mencionada na introdução do livro, teria relação com a nossa jabuticaba social. É preciso ter em mente, portanto, o que mais se destaca no Brasil vis-à-vis outros países do mundo. Não creio que a mistura das três raças, o índio, o branco e o negro, elemento fundamental de nossa autoimagem como brasileiros, teve ou tenha impacto sobre a nossa estrutura tributária. Tampouco creio que a distribuição geográfica da população brasileira, concentrando-se hoje onde antes ficava a já bastante devastada Mata Atlântica, tenha influenciado os tributos. O que mais parece ter tido impacto sobre a nossa vida tributária é a nossa tradição, muito bem documentada e provada, de desigualdade social.

A desigualdade é a principal herança negativa da escravidão (se é que é possível dizer que a escravidão deixa alguma herança positiva). Há os que acreditam que se não fosse a escravidão o Brasil jamais teria chegado aonde chegou em termos de desenvolvimento econômico. Esses mobilizam o exemplo dos Estados Unidos para mostrar que o resultado mais provável da escravidão é o aumento de riqueza. Ledo engano. Lá o país livre derrotou o país escravista. A riqueza vem com o trabalho livre e assalariado. E o motivo é simples. A escravidão não incentiva a inovação. Como a mão de obra escrava não é assalariada, o empregador não tem incentivos econômicos para substituir homens por tecnologia. Ao contrário, todos os países mais inovadores são aqueles onde a herança escravista ou foi menor ou foi derrotada pela facção não escravista local.

capítulo 6 A exploração dos pobres pelos impostos e pelo governo

A nossa escravidão gerou muita desigualdade. Uma herança da qual talvez não conseguimos até hoje nos livrar. Ao senhor de engenho, tudo: terras, rendas, estudos no exterior e até mesmo as escravas mais bonitas e sensuais. Aos escravos, apenas trabalho. Finda a escravidão, tínhamos dois países bastante distintos. Um branco e escolarizado. Outro preto e analfabeto. Em 1875 o censo da população britânica registrou que 20% dos adultos não eram capazes de assinar o nome. Em 1991 o censo brasileiro, atrasado em um ano pelo governo Collor, registrou que 20% de nossa população eram analfabetos. A diferença é de 116 anos. Eis o resultado comparado de duas tradições: uma escravista, outra não.

Quando afirmo que a herança escravista moldou nosso sistema tributário não falo necessariamente no aumento da carga tributária. Entre 1999 e 2007 a nossa carga saltou de 27% do PIB para 36%. Isso nada tem a ver com a herança da escravidão. O que tem relação com ela é tributar proporcionalmente mais os pobres para direcionar os recursos dos impostos proporcionalmente mais para os não pobres ou ricos. Isso é escandaloso, vergonhoso e inaceitável. A estrutura de nossa tributação, que penaliza mais os pobres, é difícil de mudar sim, mas algum dia precisamos começar a reformá-la. Foram precisos 15 anos para conter de forma sustentável a inflação. Serão necessários pelo menos outros 15 anos para desonerar os pobres e fazer a parte mais afluente de nossa sociedade pagar a maior parte dos custos do setor público. É preciso iniciar a caminhada nesta direção o quanto antes.

Essa não é a única aberração do Brasil. Antônio Delfim Netto mostrou recentemente que o peso de nossos tributos é dos maiores do mundo quando o nosso país é comparado com demais países no mesmo estágio de desenvolvimento.[1] Os brasileiros caminham, trabalham, vivem, como aqueles presidiários de desenhos

165

O dedo na ferida: menos imposto, mais consumo

animados: com uma bola de ferro superpesada amarrada a um de nossos pés. Desse jeito ficaremos para trás de nossos competidores mais próximos.

Um dos exemplos mais notáveis de nossa escravidão aplicada aos impostos é a tributação dos alimentos. De acordo com a Pesquisa de Orçamento Familiar (POF) os 10% mais pobres (renda até 400 reais) gastam 32,68% de sua renda com alimentos. Por outro lado os 10% mais ricos (renda acima de 6 mil reais) gastam somente 9,04% com esse item. Reduzir drasticamente a tributação dos alimentos seria uma maneira rápida e efetiva de reduzir a desigualdade e a pobreza. Outro exemplo é o nosso seguro desemprego. Para ter acesso a ele é preciso ter sido demitido de um emprego formal, justamente aqueles empregos a que os pobres de fato não têm acesso. Recursos dos impostos pagos pelos mais pobres são direcionados, por meio do seguro desemprego, aos menos pobres. Pode-se também chamar atenção para o fato perverso de que serviços públicos de péssima qualidade são serviços públicos ajustados para atender aos pobres. Caso o público atendido não fosse pobre, os serviços seriam bons. Podemos multiplicar exemplos desta natureza. Alguns deles serão vistos mais detidamente no decorrer deste capítulo.

Isso sugere algo de grande importância. O grande ministério social no Brasil é o Ministério da Fazenda, desde que tenhamos um ministro empenhado em fazer uma mudança real na estrutura de nossos tributos. Tudo indica que a relação dívida - PIB deve continuar caindo nos próximos anos. Portanto, o governo terá espaço para reduzir os impostos. Haverá em breve, desde que exista eficiência no trato da máquina pública, uma grande margem de manobra para reduzir os impostos pagos pelos pobres.

Alexis de Tocqueville mostrou que todo fenômeno social fica mais imperceptível na medida em que se torna mais presente. A

capítulo 6 A exploração dos pobres pelos impostos e pelo governo

nossa desigualdade é muito presente, portanto tende a ser pouco percebida. Isso é mais acentuado quando o que está em jogo são os impostos. O Brasil é o país da ambiguidade, do jeitinho. Muitas de nossas soluções para os mais diversos problemas seguem essa trilha. Por exemplo, assinamos todos os tratados internacionais, mas não necessariamente os cumprimos. Os americanos dificilmente assinam um tratado, mas quando o fazem é para cumpri-lo ou ao menos realmente empenhar-se em cumpri-lo.

Somos cordiais e amigáveis, tal como mostrou Sérgio Buarque de Holanda há várias décadas. O nosso racismo é cordial, também o é a manifestação de nossa estrutura social em nossa carga tributária. Os pobres não pagam imposto de renda. Quem paga imposto de renda são aqueles que ganham mais, os ricos e a classe média. Um visitante estrangeiro desavisado ficaria maravilhado com nossa justiça tributária. Mas a cordialidade e o jeitinho estão lá, no imposto indireto. Os pobres são aqueles cujo gasto com alimentos mais pesa no orçamento familiar. A proporção desse gasto é bem maior do que a mesma proporção junto à classe média. Consequentemente, qualquer imposto indireto sobre os alimentos atinge mais o pobre do que o consumidor de classe média.

Um documento insuspeito, avalizado tanto pela capacidade técnica e isenção do Ipea quanto pela marca de um governo que se autointitula defensor dos pobres, traz dados estarrecedores sobre quem é tributado no Brasil. Os proprietários, aqueles que são empregadores ou trabalham por conta própria são vitimados por uma carga tributária explícita sobre a renda de 13,6%.[2] Os não proprietários, basicamente os empregados, são vitimados em 24,4% de tributos sobre sua renda. Impressionante. No Brasil, se você quiser escapar legalmente dos impostos, deixe de ser empregado e passe a ser empregador ou trabalhar por conta própria. É uma situação inaceitável, por exemplo, para os partidos da social-democracia europeia, que incluem o SPD alemão, o PSOE espanhol, o Partido Trabalhista inglês e o ex-Partido Comunista Italiano, para citar apenas alguns.

Quando se coloca uma lupa sobre essa informação, ainda com os dados do Ipea e avaliando-se quanto as pessoas pagam de acordo com sua faixa de renda em salários mínimos, agradeça, leitor, se tiver um rendimento mensal maior do que 30 salários mínimos: você pertence à faixa de renda que menos paga impostos. Creio que este livro terá poucos leitores que ganham até dois salários mínimos, justamente aqueles que em 2008 foram taxados em 53,9%, justamente aqueles que mais razões têm para se revoltar contra um governo que em quatro anos aumentou em cinco pontos percentuais o que ele paga de impostos, alargando a sua distância em relação aos que ganham mais de 30 salários mínimos por mês. Note-se que os mais pobres precisam trabalhar 197 dias do ano para pagar impostos. Os menos pobres trabalham praticamente a metade, 106 dias por ano.

Tabela 1

Distribuição da carga tributária bruta segundo a faixa de salário mínimo

	2004	2008	dias trabalhados para pagar os tributos
até 2 SM	48,8	53,9	197
2 a 3 SM	38	41,9	153
3 a 5 SM	33,9	37,4	137
5 a 6 SM	32	35,3	129
6 a 8 SM	31,7	35	128
8 a 10 SM	31,7	35	128
10 a 15 SM	30,5	33,7	123
15 a 20 SM	28,4	31,3	115
20 a 30 SM	28,7	31,7	116
mais de 30 SM	26,3	29	106
Média	32,8	36,2	132

capítulo 6 A exploração dos pobres pelos impostos e pelo governo

Imagino que esses dados causem muita indignação ao leitor que se preocupa com a pobreza e com a desigualdade de renda no Brasil. Indo além, mesmo que o leitor pense apenas em seu bem-estar, que inclui viver em um país com menos violência, mesmo esse leitor deve ficar muito preocupado com os dados da Tabela 1. Eles são a face "fria" de nossa violência urbana. Imagine o oposto, que os pobres pagassem proporcionalmente menos impostos. Com maior poder de compra, tudo indica que consumiriam mais, teriam mais bens e acesso a mais serviços, teriam empregos menos precários e, consequentemente, a violência seria menor.

Tabela 2

Custo da tributação sobre os produtos

Produtos	custo da tributação	Alimentos	custo da tributação
Cerveja	121,2	Manteiga	56,3
Gasolina	112,9	Açúcar	43,6
Aparelho de DVD	101,6	Óleo / banha	35,2
Casa popular	93,5	Frutas (bana	27,8
Energia elétrica	93,4	Café em	25
Telefonia	85,8	Carne	21,2
TV	81,6	Legumes (tomate)	20,3
Carro de luxo	68,8	Arroz	18,1
Geladeira	61	Feijão	18,1
Carro popular	60,1	Pão francês	17,3
Computador popular	32,1	Farinha	16,3
Passagem aérea	28,7	Leite	14,4
Cesta básica	21,9	Batata	12,6

O Instituto Brasileiro de Planejamento Tributário (IBPT) estimou o quanto os impostos encarecem alguns produtos e serviços.[3] O cálculo leva em conta os tributos que incidem em todas as fases de produção e distribuição, até ser adquirido pelo consumidor: tributos na produção, no faturamento, sobre a folha de pagamento, sobre o

169

O dedo na ferida: menos imposto, mais consumo

lucro etc. Calculando-se dessa maneira têm-se resultados surpreendentes e, no mínimo, preocupantes. Energia elétrica, casa popular, aparelho de DVD e gasolina têm o preço praticamente dobrado por conta dos impostos (Tabela 2). Uma maneira de interpretar esse resultado é afirmando-se que se os impostos fossem diminuídos, muito mais gente teria acesso a novos domicílios sem que fosse preciso o governo lançar um programa do tipo Minha Casa, Minha Vida. Baixem-se os impostos sobre esse item de consumo e o problema da favelização será diminuído de forma relativamente rápida e abrangente em todo o Brasil.

Há um grande debate em torno da infraestrutura da aviação comercial. Sabe-se que os aeroportos não suportam mais a demanda, que o controle aéreo precisa ser desregulamentado, que a competição entre as empresas necessita de aperfeiçoamento. Imagine-se se os impostos fossem mais baixos.[4] Apesar de todo o debate sobre o tema, somente 20% da população já entraram em um avião. Baixem-se os impostos e essa proporção irá dobrar rapidamente, desde que, é evidente, sejam feitos os investimentos que aumentariam a capacidade de nossos aeroportos, assim como levariam tráfego aéreo para as cidades de pequeno e médio portes. Nossas autoridades não devem perder de vista que uma enorme proporção de nossa população já pode voar de maneira mais frequente, só não o faz porque os preços das passagens são elevados, por conta do governo e seus impostos, e porque não têm um aeroporto mais próximo de sua cidade.

O que dizer então da grande injustiça, de matriz escravista,[5] que diz respeito aos tributos que elevam os preços dos alimentos? A renda média dos brasileiros é de R$ 1.200 por mês. É enorme o contingente de famílias que faz compras de supermercado com o dinheiro contado. As pessoas vão para a feira ou mercado com, por exemplo, exatamente R$ 150 no bolso. O que elas irão comprar

capítulo 6 A exploração dos pobres pelos impostos e pelo governo

terá que caber nesse orçamento. Todo mundo já deve ter passado pela experiência constrangedora de, na fila do supermercado, ter de esperar a vez enquanto a pessoa na frente vai retirando itens das compras até completar o dinheiro que já está nas mãos do caixa. Não é à toa que existe aquela cestinha ao lado da esteira rolante, para o refugo. Caso os impostos sobre o que é vendido dentro do mercado sejam reduzidos, a quantidade comprada, de todos os produtos, irá aumentar muito. Adicionalmente as pessoas irão comprar regularmente coisas que só compram muito esporadicamente. Isso se aplica a desodorante, frios, sucos em caixa, iogurtes e produtos dessa natureza. É muito injusto que os pobres sejam tributados dessa maneira, justamente nos alimentos, e que somente uma irrisória fatia desse tributo volte para suas mãos sob a forma de, por exemplo, bolsa-família.

Todo mundo quer ter o seu carrinho, principalmente se for zero. Tomando-se a Anfavea como fonte, o peso dos impostos no preço final do automóvel fabricado no Brasil atinge 30%.[6] Nos Estados Unidos os impostos dizem respeito a apenas 6%, no Japão 9%, na Itália, Alemanha, França e no Reino Unido não passam de 17%. Pergunta: quem impede que as pessoas mais pobres comprem um automóvel no Brasil? O governo e seus impostos. Como? Por meio do amigável e cordial imposto sobre o consumo. Antes que surja o velho e elitista argumento de que tais impostos não podem ser reduzidos porque assim as cidades ficariam ainda mais engarrafadas e inviáveis, vale lembrar o caso americano. Há inúmeros registros acadêmicos e não acadêmicos de que na década de 1930 os Estados Unidos ficaram completamente inviáveis por causa de todos terem um carro. O país se tornou um grande engarrafamento. Resultado: foi feito um grande programa de investimentos em rodovias e em uma nova forma de morar e organizar as cidades.

O dedo na ferida: menos imposto, mais consumo

As lições disso são muito simples. A primeira é que a perspectiva histórica ajuda a anular argumentos elitistas. A segunda é que cada problema deve ser tratado de cada vez, sem ansiedade. O problema hoje é que a grande maioria dos brasileiros não tem carro e gostaria de ter. Vamos resolver primeiro isso. Depois que isso for resolvido surgirá outro grande problema, o país ficará totalmente engarrafado. Aí vamos resolvê-lo. O que não dá é antecipar a resolução disso mantendo-se a população privada de consumir um bem que ela muito deseja e que é um conforto da vida moderna. Isso é uma grande injustiça.

Tabela 3

Tributação no Brasil e outros países emergentes[7]

	Brasil	Média dos emergentes excluindo Leste Europeu	Média dos emergentes
Carga tributária total	35,8	28	36,9
Tributos sobre folha e previdência	9,3	2	8,3
Tributos sobre bens e serviços	14,8	8,3	10,8
Tributos sobre renda e lucro	8,2	9,2	8
Tributos sobre propriedade	1,2	1,5	0,8
Tributos sobre comércio internacional	0,6	0,8	0,3
Outros tributos	1,7	6,1	6

Comparando-se o Brasil com Chile, China, Israel, Coreia, México, Rússia, África do Sul, Tailândia, Colômbia, Argentina, Bolívia, Indonésia, Uruguai, Venezuela e Peru, a média do imposto sobre bens e serviços de todos esses países é de 8,3%, ao passo que em nosso país é 14,8% (Tabela 3). O Brasil também tributa mais quando se trata de tributos para a previdência, que incidem sobre os salários. Tributamos na mesma proporção que os demais países

capítulo 6 A exploração dos pobres pelos impostos e pelo governo

emergentes quando se trata de renda, propriedade e comércio internacional. O mais interessante é que a nossa tributação é mais elevada quando não são computados os dados dos países que foram comunistas. Ou seja, os resultados da herança escravista e comunista, quando se trata de impostos, foram muito semelhantes. Nas duas tradições uma pequena elite dirigente toma conta do Estado e o utiliza para explorar a sociedade. Uma tradição oposta, a de proeminência dos que trabalham, dos burgueses, empresários, trabalhadores e capitalistas, resulta em uma carga tributária menos injusta e exploradora.

Devem ser destacados os seguintes elementos de nosso sistema tributário, assim como a maneira pela qual o dinheiro público é usado:

1) Os pobres pagam imposto, e muito;
2) Os impostos encarecem em demasia o preço final dos produtos e serviços, prejudicando duplamente os pobres;
3) Os impostos sobre a folha limitam a geração de empregos, diminuindo-a ou fazendo com que os empregos gerados sejam precários. A economia perde o dinamismo que resulta em mais e melhores empregos;
4) A nossa carga tributária tem uma trajetória constante e ininterrupta de crescimento;[8]
5) A taxa de investimento público tem sido constantemente baixa nos últimos 10 anos;[9]
6) O gasto com saúde, educação e segurança pública aumentou nos últimos anos;
7) A nossa saúde, educação e segurança pública são piores do que muitos países, incluindo os que tributam muito menos do que nós;

8) Consequentemente, o dinheiro do imposto foi para o bolso dos funcionários públicos e dos aposentados, e isso dificulta enormemente lidarmos com nossa herança escravista.[10]

Igualmente interessante é notar que saúde e educação tiveram, juntas, uma participação de praticamente 60% no crescimento da arrecadação entre 2002 e 2008.[11] Os gastos em segurança pública respondem por 9% do crescimento da arrecadação geral, ao passo que os gastos com a previdência cresceram praticamente 32%.

Tabela 4

Evolução dos gastos por área entre 2002 e 2008[12]

	Como proporção do PIB de 2002.		Diferença real	Participação no crescimento da arrecadação
	2002	2008	2008 - 2009	
Segurança	1,1	1,4	0,3	9,2
Defesa	1,2	0,8	-0,4	-12,5
Saúde	4	5,1	1,1	32
Educação	4,3	5,3	1	30,5
Previdência e assistência social	9,9	10,9	1,1	31,9
Habitação e saneamento	0,5	0,6	0,1	3,6
Transportes	1,9	1,4	-0,6	-17,2
Carga tributária	32,4	35,8	3,4	100

A grande questão que está em jogo aqui é que o setor público brasileiro passou a gastar mais com saúde, educação e segurança pública em período recente e que esse gasto a mais não resultou, ao menos na opinião da população, em melhorias reais de tais serviços públicos. A opinião da população não está em dissonância, como será visto, com os dados reais. Aliás, quanto a isso

capítulo 6 A exploração dos pobres pelos impostos e pelo governo

cumpre sublinhar o caráter educativo da CPMF. É muito disseminado o fato de a CPMF ter sido criada para melhorar a situação da saúde. Em pesquisas qualitativas detectamos que a população acha que não houve a menor diferença nos serviços da saúde com e sem CPMF. Isso leva à conclusão, junto à população, de que não faz diferença se é cobrado mais ou menos imposto. O serviço é ruim e não melhora nas duas situações. Sendo assim, é melhor menos impostos.

A despesa consolidada do setor público para 2009 no Brasil foi estimada em aproximadamente 40% do PIB. Uma proporção pouco mais de nove pontos percentuais maior do que a média dos países emergentes. Fala-se muito da China e de seu câmbio. Todavia, esquece-se de dizer que a despesa de seu setor público para 2009 havia sido estimada em pouco mais de 20% do PIB. O Brasil se afigura um caso interessante quando se trata desse indicador: estamos muito mais próximos dos países ex-comunistas e da Zona do Euro do que de países mais semelhantes ao nosso, como México, Indonésia, Coreia do Sul, Chile, Malásia e a própria China. Os membros do G7 e da Zona do Euro já são países quase todos plenamente desenvolvidos. Seus PIBs per capita são elevados e os serviços prestados pelo setor público tendem a ser de boa qualidade. Ademais, as populações mais velhas daqueles países são sinônimo de gastos muito elevados com a previdência. No Brasil não temos nem uma coisa nem outra e ainda há a tarefa de competir com todos os emergentes acima mencionados, que aplicam uma carga tributária menor de que a nossa e gastam menos do que nós.

O dedo na ferida: menos imposto, mais consumo

Gráfico 1
Despesas do setor público estimadas para 2009 como proporção do PIB[13]

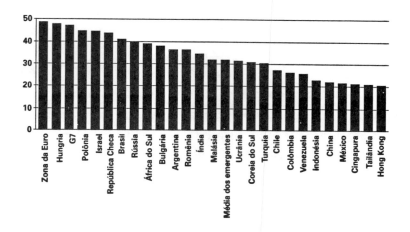

Parafraseando um trecho da música "Socorro", eternizada na voz de Cássia Eller, vale afirmar que com tantas despesas como proporção do PIB, deve existir alguma que sirva. Não é isso, todavia, que se acha quando são comparadas com os dados de despesas com saúde pública de outros países. O Brasil está abaixo da média dos países emergentes, por exemplo, no que diz respeito a esse gasto. Segundo a Organização Mundial de Saúde (OMS), despendemos em 2006 com a saúde 7,2% dos gastos de todos os níveis de governo. A média dos emergentes é de 10,6%. Argentina e Chile, nossos vizinhos, totalizaram respectivamente 14,2% e 14,1%. Os países do G7 atingem a marca de 17,1%. Considerando-se que as despesas do governo são mais elevadas do que as de muitos desses países, seria possível gastar mais com saúde sem aumentar impostos modificando-se a maneira de o governo gastar. Tomando-se a comparação do Gráfico 2, o Brasil gasta pouco em saúde pública. Veremos pelos dados da Tabela 5 que além de gastar pouco, gasta mal.

Gráfico 2

Participação dos gastos com saúde pública sobre os gastos totais de todo o setor público em 2006[14]

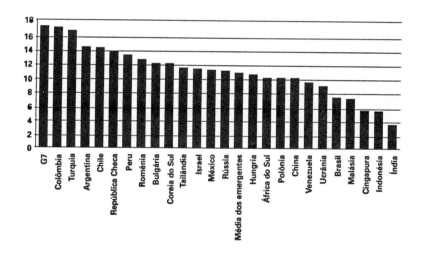

Não é preciso relacionar o rosário de dados que mostram a situação caótica da saúde pública. Adicionalmente, também não é preciso enfatizar que esse problema tem sido determinante em inúmeras eleições locais e regionais no Brasil. Apenas para citar alguns casos, vale mencionar as eleições nas quais o vencedor gastou a maior parte do tempo de sua campanha falando dos problemas e das soluções para a saúde pública: José Serra para prefeito de São Paulo em 2004, Gilberto Kassab para prefeito de São Pau-

O dedo na ferida: menos imposto, mais consumo

lo em 2008, Sérgio Cabral para governador do Estado do Rio de Janeiro em 2006, Eduardo Paes para prefeito do Rio em 2008 etc. São muitos os casos, todos eles só mostram como a população tem sido vítima dessa mazela e como ela gostaria que o problema fosse resolvido ou minimizado.

Pensando nisso, devemos notar que o Brasil gasta mais (US$ PPP) em saúde pública do que países como Venezuela, Paraguai, Síria, Malásia e Vietnã e, além disso, os nossos resultados finais mensurados por alguns indicadores básicos de saúde são piores do que os deles. Quando as pesquisas de opinião pública revelam que a população gostaria que os recursos da saúde fossem mais bem usados e que isso é preferível a aumentar os impostos, ela simplesmente está dizendo que há ineficiência. Trata-se da mesma conclusão da Tabela 5. Levando-se em conta que o Brasil gasta menos na saúde do que muitos países e também que mesmo numa comparação com países que gastam menos os nossos indicadores de saúde são piores, a conclusão é cristalina: gastamos pouco e mal. Em nenhum momento considero a hipótese de aumentar os impostos para gastar mais com a saúde. A CPMF mostrou que o eleitorado tem razão e que isso não funciona. É preciso em primeiro lugar gastar melhor, de maneira mais eficiente, o que provavelmente exige, dentre outras coisas, o combate às máfias que controlam licitações e gastos nesse setor, como também gastar mais remanejando-se recursos dentro do orçamento. Gastar melhor e mais, dessa forma, demanda que os políticos sejam mais eficientes como gestores públicos e que sejam bons negociadores na decisão de redirecionar recursos públicos da mesma peça orçamentária.

capítulo 6 A exploração dos pobres pelos impostos e pelo governo

Tabela 5

Seleção de países que gastam per capita (US$ PPP) menos do que o Brasil, tanto em saúde pública quanto nos gastos totais com saúde, e têm indicadores melhores do que os nossos[15]

	Brasil	Paraguai	Venezuela	Síria	Malásia	Vietnã
Gasto em saúde pública	367	131	196	52	226	86
Gasto total em saúde (público e privado)	765	342	396	109	500	264
Mortalidade infantil	19	19	18	12	10	15
Expectativa de vida	72	75	74	72	72	72
Mortalidade adulta	176	132	142	153	155	155

Há gasto público para todos os gostos: na saúde gasta-se pouco e mal, na educação gasta-se muito e também mal. Pior do que isso, o gasto na educação é, como será visto, um gerador explícito de desigualdade. Se o leitor for um fã do modelo de desenvolvimento da Coreia do Sul porque naquele país houve nos últimos 40 anos um investimento pesado em educação, saiba que em 2007 o Brasil superou a Coreia no que diz respeito a gastos com educação. O dado é surpreendente, mas é real. De acordo com esse indicador (Gráfico 3), o Brasil gasta mais em educação do que a média dos países emergentes e também do que os países do G7. O Brasil está à frente de nossos *hermanos* argentinos, conhecidos por sua grande valorização da educação, por seus elevados índices de escolaridade e por sua predileção pela leitura.

Dados da mesma fonte mostram que o Brasil gasta 5,1% do PIB na educação pública, mais do que a média do G7, 4,9%, e a média dos emergentes, 4,3%. Tudo indica, portanto, que os problemas de nossa educação não dizem respeito a quanto é gasto, mas sim à sua (in)eficiência.

179

O dedo na ferida: menos imposto, mais consumo

Gráfico 3

Gastos públicos em educação 2007 (% dos gastos totais do setor público)[16]

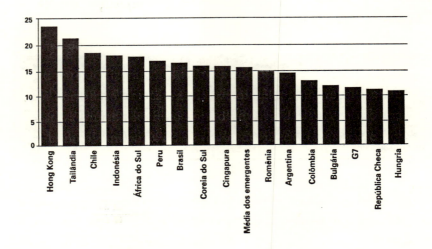

Eis aqui uma de nossas grandes injustiças, que nenhum governo até hoje ousou combater: o dinheiro público da educação vai para aqueles que podem pagar por ela. Como se viu no início deste capítulo, quem mais paga imposto no Brasil são os não proprietários e os assalariados que ganham menos de dois salários mínimos. Dito de forma clara e direta: quanto mais pobre, mais se paga imposto. Parte desse recurso vai para a educação e lá é rateado pelos ensinos fundamental, médio e superior. Tomando-se o índice 100 para o ensino fundamental, é isso que se gastou por estudante no Brasil em 2006. Mais ou menos o mesmo valor foi para o ensino médio, ao passo que impressionantes 650 foram direcionados para cada aluno do ensino superior. Esse recurso é basicamente para sustentar as universidades públicas e gratuitas, justamente aquelas que têm os melhores estudantes, os com o melhor desempenho no vestibular. Contudo, para alcançar um bom desempenho no vestibular é preciso, em geral, estudar em escola particular. Ou seja, os pobres sustentam um sistema universitário público e gratuito que é ocupado pelos filhos da classe média e da classe média-alta. É uma das maiores injustiças brasileiras, que cristaliza e amplia a desigualdade de renda.

Gráfico 4

Gastos por estudante em instituições educacionais por nível de educação relativo à educação primária (2006 – a educação primária de cada país tem índice 100)[17]

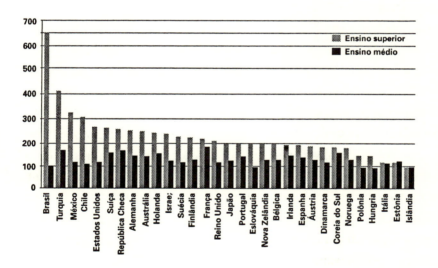

De acordo com os dados comparados do Pisa (Programme for International Student Assessment, um sistema de avaliação) de 2006, o Brasil, nesse aspecto, é o país que proporcionalmente mais investe no ensino universitário. Depois do Brasil temos a Turquia, o Méxi-

O dedo na ferida: menos imposto, mais consumo

co e o Chile. Na leitura do Gráfico 4, os países listados entre Estados Unidos e Noruega apresentam um gasto bastante equilibrado quando se coloca de um lado da balança o ensino superior e de outro os ensinos médio e fundamental juntos.

É uma platitude mostrar que o governo cobra impostos elevados e gasta mal o dinheiro que tem. É também outra trivialidade dizer que a população avalia muito mal, e com razão, os serviços públicos. Tanto isso é verdade que todos aqueles capazes de pagar privadamente por saúde e educação, quando têm a chance de fazê-lo, não titubeiam. A novidade aqui é a exploração dos pobres pelo governo. Os maiores prejudicados pelos serviços públicos de má qualidade são os pobres. Assim como são eles os maiores prejudicados pela carga tributária.

Os pobres são as maiores vítimas da saúde pública de baixa qualidade, posto que não têm como lançar mão do serviço privado. Os pobres são as maiores vítimas da educação de má qualidade, seus filhos não têm como concorrer em igualdade de condições no vestibular para as melhores universidades (que são públicas e financiadas em grande medida pelos pobres) com aqueles que cursam o ensino fundamental e o médio em escolas particulares. Os pobres são as maiores vítimas do crime, em que pese o fato de os assassinatos com mais visibilidade na mídia serem aqueles perpetrados nas áreas mais ricas das cidades. Aliás, o pior crime é o homicídio. Nesse indicador o Brasil só perde para a Colômbia e para a Venezuela, mesmo tendo aumentado os gastos com segurança pública entre 2002 e 2008 (Tabela 4).

A média de homicídios dos países emergentes é menor do que 10 para cada grupo de 100 mil habitantes. No Brasil esse mesmo indicador atinge 26,6. Vários países emergentes que cobram menos impostos do que nós e que gastam menos do que nós com segurança pública apresentam taxas de homicídios menores. Pode ser que as

capítulo 6 A exploração dos pobres pelos impostos e pelo governo

causas últimas da incidência desse fenômeno estejam em elementos culturais ou na estrutura social. Ainda assim, consideramos que nós, brasileiros, somos cordiais, amigáveis e pacíficos, atributos que nada têm a ver com a violência e as elevadas taxas de homicídio. Isso serve para ilustrar que qualquer país pode apresentar fatores que causem mais ou menos violência, mas que quando se trata apenas de imposto e de gasto público, os indicadores são os de que, mais uma vez, o gasto é malfeito.

Gráfico 5

Taxa de homicídio por 100 mil habitantes em 2006[18]

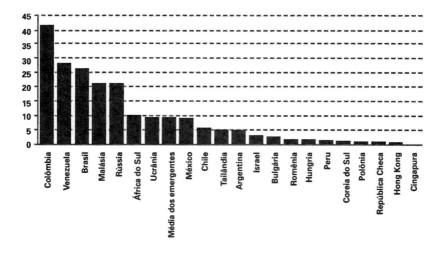

Tudo indica que o principal destino do dinheiro público no Brasil, excetuando-se a apropriação indevida e o gasto ineficiente, é o bolso dos funcionários públicos e aposentados. O salário de nossos funcionários públicos é, na média, 2,38 vezes mais elevado do que os da iniciativa privada. Em países como Holanda, Dinamarca, Eslováquia, Suécia e

Reino Unido há uma quase completa paridade entre o que ganham funcionários públicos e aqueles empregados no setor privado.

Qualquer semelhança com o Estado renascentista, com a situação dos funcionários públicos sustentados pela sociedade na Europa do século XVII, não parece ser mera coincidência. Hugh Trevor-Roper mostra em seu livro *A crise do século XVII* que por toda a Europa a sociedade era fortemente explorada pelo Estado. Impostos crescentes sustentavam uma burocracia também crescente e ávida por mais recursos. O formidável sistema universitário, de escolas e de faculdades foi fundado pelos príncipes renascentistas com a finalidade de satisfazer a demanda por funcionários públicos. Os cargos públicos eram o meio de obtenção de riqueza e poder, além de permitirem satisfazer gostos ostentatórios. Muitos anos depois esse sistema foi varrido do mapa tanto pelas transformações advindas da Reforma Protestante quanto pela Revolução Francesa e sua influência fora das fronteiras da França.

Gráfico 6

Razão entre salários de funcionários públicos e funcionários da iniciativa privada (2007)[19]

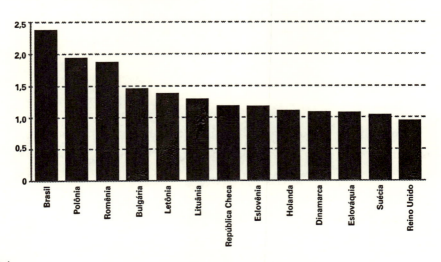

capítulo 6 A exploração dos pobres pelos impostos e pelo governo

Não haverá revolução no país do jeitinho. Tampouco reforma protestante, em que pese o avanço evangélico. A nossa herança católica moldou definitivamente nossa matriz cultural. Haverá e há sonegação. Haverá e há pirataria. Haverá e há violência. A violência diária do ladrão que rouba um bem para revendê-lo a preço mais baixo subtraindo o valor do imposto. Haverá e há pobreza. A bola está quicando, a nossa estrutura tributária nos brindou com uma oportunidade de ouro: defender o povo pobre por meio da redução de impostos. Aumentar o consumo das classes C, D e E por meio da redução de impostos. Reduzir impostos no Brasil, principalmente os indiretos, que incidem no preço final de bens e serviços, não pode nem deve ser um discurso elitista. Não pode nem deve ser algo capturado por empresários que querem aumentar sua competitividade. É inegável que isso seja verdade. Porém, para que o tema da redução de impostos se torne algo que realmente tenha peso na agenda política do Brasil, é preciso popularizá-lo.

185

notas

Prefácio de Mailson Nóbrega

1. O imposto é uma das modalidades do tributo. Os outros são as taxas e as contribuições de melhoria. No Brasil surgiu uma quarta, a contribuição social, que serve para quase tudo no campo da arrecadação. Neste prefácio, o termo "imposto" ou "impostos" será usado na acepção de "tributo" ou "tributos"

Apresentação

1. É possível argumentar que a redução da carga tributária aumentaria, sem dúvida, o consumo. Haverá aqui uma controvérsia. Não faltará quem diga que para todos poderem comprar uma casa, carro ou passagem aérea teríamos que reduzir a desigualdade de renda que é causada pela desigualdade na educação formal. Para efeito do argumento do livro isso é irrelevante. As duas medidas, redução de imposto sobre o consumo e equalização dos padrões educacionais resultariam em menos pobreza e desigualdade. Estimar com precisão o impacto de cada uma das medidas não é trivial. Poderíamos ter uma população muito bem escolarizada com uma economia travada e incapaz de crescer por conta dos elevados tributos.

Capítulo 1

1. No decorrer do livro será visto que o brasileiro aceita que os impostos sejam reduzidos mesmo em situação de restrição orçamentária, isto

O dedo na ferida: menos imposto, mais consumo

é, mesmo que para reduzi-los seja necessário controlar os salários dos funcionários públicos, aumentar o tempo de contribuição para a aposentadoria, aposentar-se com uma renda mais baixa etc.

2. O que Becker afirma textualmente na página 32 de seu livro é: "O sociólogo provoca a acusação de tendencioso sempre que diz alguma coisa que nega a legitimidade da hierarquia de credibilidade."

3. Essa mesma pergunta foi repetida em agosto de 2009. Considerando-se a margem de erro da pesquisa, que é de três pontos percentuais, os resultados foram idênticos: 70% do total afirmaram que pagam impostos, 89% de quem concluiu o grau superior, 70% de quem fez o colegial, 70% de quem fez o ginásio e 66% de quem concluiu o primário.

4. Sugiro ao leitor que busque as próprias evidências empíricas (anedóticas) desse fenômeno perguntando para pessoas de classe mais baixa da seguinte forma: "quando você compra um alimento, você paga imposto?" "Quando você acende a luz de sua casa, você paga imposto?" Pergunte sempre mencionando algum serviço ou produto. Em praticamente 90% dos casos as pessoas afirmarão que pagam impostos, sim.

5. De acordo com o INPC, 29,8% da renda familiar de quem ganha até seis salários mínimos são gastos com alimentação. Quando a renda aumenta, o que é proporcionalmente gasto com alimentação diminui. Assim, tomando-se o INPC, temos que 22,7% da renda de quem ganha até 40 salários mínimos são gastos com alimentação.

6. Pesquisa de maio de 2009.

Capítulo 2

1. Conflito de escolha

2. O bolsa-família é um programa social bom sob vários aspectos: custa pouco em relação a outros programas sociais, aproximadamente 0,4% do PIB; tem um foco claro e bem-definido; exige contrapar-

tida do beneficiário (ainda que haja falhas na fiscalização); e incentiva a família a colocar e manter as crianças na escola, acelerando a elevação, no médio prazo, da escolarização média da população.

3. Veja-se o capítulo 5 para uma conciliação entre as conclusões do livro *A cabeça do brasileiro*, que mostra a predominância da mentalidade estatizante da população com o desejo de redução de impostos.

4. Mesmo quando se cruza essa pergunta por aqueles que são autônomos *versus* os que trabalham com carteira assinada, têm-se os mesmos resultados, não há diferença alguma no apoio à redução de impostos.

5. O problema principal quando se trata de emprego, portanto, não está nas mãos do Banco Central, mas sim do Congresso e do Executivo.

Capítulo 3

1. Sabemos que a cada seis meses haverá um grande escândalo, somente não sabemos qual será ele. Escândalos e denúncias podem ser comprovados ou não, o fato é que afetam sobremaneira a percepção de que o sistema político gasta mal o dinheiro público e desperdiça os recursos nas mãos do governo. Apenas a título de recordação, poderíamos mencionar as seguintes denúncias: anões do Orçamento, Sudam e Sudene, poços artesianos, compra de votos na emenda da reeleição, Correios, mensalão do PT, mensalinho do Severino Cavalcanti, mensalão do PSDB de Minas Gerais, Sarney e o Senado, cartões corporativos, mensalão do DEM do Distrito Federal, sem contar os inúmeros escândalos que surgem regionalmente e mesmo no nível municipal.

2. Note-se que a escolha entre esses dois conceitos de comunicação é, na realidade, algo que desconsidera a realidade técnica da necessidade de uma ampla reforma do setor público para que os gastos sejam reduzidos e os impostos contidos ou diminuídos. Trata-se de conceitos de comunicação que seriam de grande valia justamente para gerenciar o próprio processo de reforma do Estado. Para a população,

a reforma do Estado é plenamente justificável se ajudar a diminuir e combater o desperdício e a corrupção.

3. Para uma descrição detalhada do vale-cultura, ver http://blogs.cultura.gov.br/valecultura/o-que-o-vale-cultura/

Capítulo 4

1. Os dados deste gráfico são de julho de 2009. Todavia, a mesma pergunta é feita todos os meses com resultados idênticos, dentro da margem de erro, aos aqui apresentados.

2. A nomenclatura técnica para esse teste metodológico é "validação interna". Os resultados da pesquisa são testados e validados com os próprios dados.

3. Há muitos gestores públicos brasileiros, eleitos e reeleitos, que têm a fama de tratar mal os funcionários públicos. Por si só isso já deveria ser prova suficiente de que a população brasileira não está preocupada e não se sente dependente do funcionalismo público. Os dados aqui apresentados corroboram esse fato.

4. Veja-se Robert Nozick, *Estado, anarquia e utopia*, Lisboa, Edições 70, 2009. O livro foi publicado em inglês originalmente em 1974 e se tornou um clássico do pensamento político contemporâneo.

Capítulo 5

1. *Tratado da natureza humana: uma tentativa de introduzir o método experimental de raciocínio nos assuntos morais*; tradução de Déborah Danowski, São Paulo, Editora Unesp/Imprensa Oficial do Estado, 2001.

2. Marcelo Baquero, Aaron Schneider, Bianca Linhares, Douglas Alves Santos e Thiago Ingrassia Pereira, "Bases de um novo contrato social? Impostos e orçamento participativo em Porto Alegre", *Opinião Pública*, vol. 11, n. 001, março de 2005.

notas

3. Amaury de Souza e Bolívar Lamounier, *A Classe Média brasileira*, Editora Campus e CNI, 2010, Brasília. Os impostos são abordados entre as páginas 87 e 94 do livro.

4. Na pesquisa de abril de 2009 perguntamos à população – sob estímulo – quais categorias de produtos ela gostaria de trocar ou comprar nos próximos três meses caso a capacidade de acesso ao crédito/renda aumentasse em R$ 1 mil por mês. Após se anotarem as categorias desejadas, foram dadas para cada entrevistado 20 fichas no valor fictício de R$ 50 reais (totalizando R$ 1 mil) e também foi atribuído um valor em número de fichas para cada produto que ele desejava trocar ou comprar. O objetivo do exercício era forçar o consumidor a alocar sua renda adicional de acordo com a prioridade do produto que ele pretendia comprar ou trocar.

Capítulo 6

1. *Brasil Pós-crise*, Fábio Giambiagi e Octávio de Barros, editora Campus.

2. Receita pública: quem paga e como se gasta no Brasil. Ipea, junho de 2009.

3. Apesar de meu esforço, não tive acesso à planilha ou ao método de cálculo que o IBPT utilizou para chegar a estes números. Todavia, considerando-se a margem de erro de qualquer exercício desta natureza, assim como a complexidade e confusão de nosso sistema tributário, é possível supor que os cálculos do IBPT possam não ser os mais precisos, para cima ou para baixo, mas que ainda assim devem estar próximos do alvo. Qualquer imprecisão nos cálculos não anula a conclusão de que os impostos são elevados e penalizam mais os mais pobres.

4. Todo cálculo de impostos, em nosso complexo sistema, é sujeito a controvérsias. No caso das passagens aéreas, as companhias informam que 17% dizem respeito a PIS, Cofins, ICMS e ISS, 1% ao Imposto

de Renda, 3% aos impostos trabalhistas, 2% a outros impostos. Quando se somam os 8,5% que incidem ao longo da cadeia, basicamente os impostos sobre a receita bruta das empresas, tem-se uma carga tributária maior do que a calculada pelo Instituto Brasileiro de Planejamento Tributário (IBPT). De toda sorte, qualquer que seja a forma de cálculo, e mesmo admitindo-se as divergências e controvérsias, há uma coisa que é consensual: a carga tributária sobre o consumo é muito elevada e impede que os mais pobres possam adquirir bens e serviços.

5. No caso das passagens aéreas isso também é verdadeiro. Como os pobres viajam mais dentro do país e os não pobres viajam proporcionalmente mais para fora, há isenção de PIS e Cofins e de alguns tributos sobre combustíveis para as passagens aéreas internacionais.

6. Esse cálculo leva a resultados diferentes dos obtidos pelo IBPT, porque considera somente os impostos destacáveis no preço final ao consumidor, isto é, os tributos que incidem na aquisição como IPI, ICMS, PIS e Cofins.

7. Fontes: Receita Federal do Brasil e FMI. Dados de 2008 para o Brasil, 2007 para Polônia, República Checa, Romênia, Bulgária, Ucrânia, Rússia, Cingapura, Tailândia, Hungria, Chile, Israel, Peru, África do Sul, dados de 2006 para Hong Kong e dados de 2004 para a Argentina.

8. Informação essa que não consta do livro por ser de fácil acesso tanto nas bases de informações disponíveis sobre o tema quanto em seu bolso.

9. Em última instância pode-se afirmar que grande parte do dinheiro dos impostos vai sim para pagar os funcionários públicos, afinal, os serviços públicos de educação, saúde, segurança têm como principal item de despesa os salários dos funcionários que tocam estes serviços. Sendo isso verdade, é também verdadeiro que alguma coisa estranha acontece no Brasil já que nossos serviços são de péssima qualidade. É bem provável que os funcionários públicos pagos pelos nossos impostos não sejam aqueles que deveriam nos atender com excelência nos hospitais, salas de aula e delegacias.

notas

10. Mais um dado que não consta do livro por estar fortemente documentado, além de poder ser visto a olho nu em nossas estradas, aeroportos, portos, ferrovias etc.
11. Essa arrecadação é para o governo geral, isto é, inclui União, estados e municípios.
12. Fonte: Secretaria do Tesouro Nacional.
13. Fonte: S&P (Standards & Poor's, provedora de informações sobre e para os mercados financeiros globais).
14. Fonte: OMS
15. Fonte: OMS. US$ PPP significa que são dados comparáveis em dólar e considerando-se o poder aquisitivo em cada país (Paridade de Poder de Compra). Mortalidade Infantil é o número de falecimento de crianças que não completaram um ano de idade para cada grupo de mil crianças, excluindo-se natimortos. Mortalidade adulta é o número de falecimentos de adultos entre 15 e 60 anos para cada grupo de mil pessoas.
16. Fonte: Global Education Digest 2009, Unesco.
17. Fonte: Pisa 2006.
18. Fonte: OMS e Ministério da Saúde.
19. Fonte: IBGE e Eurostat (serviço de estatísticas da Comissão Europeia).

Este livro foi composto na tipologia Adobe Garamond Pro,
em corpo 11.5/16.2, e impresso em papel off-white 80g/m²
pelo Sistema Cameron da Distribuidora Record
de Serviços de Imprensa S.A.